les évadés

Graphisme et conception : Carole Schilling Design

Gründ, un département d'Edi8
92, avenue de France 75013 Paris
Tél. : 01 44 16 09 00
Courriel : info@lisez.com
Site Internet : www.lisez.com

ISBN : 978-2-324-03736-8
Code éditeur : N03736/01

Dépôt légal : octobre 2025
Achevé d'imprimer en France, en septembre 2025, par Pollina

INTRODUCTION

Nous sommes Myriam et Pierre, et si l'aventure consiste à se confronter à l'inconnu, nous pouvons le dire, nous sommes des aventuriers. En réalité, nous vivons deux aventures : celle que nous avons subie; et celle que nous avons choisie. Intenses. Indissociables. Et pourtant si contrastées.

Le 13 novembre 2015, Pierre est blessé au Bataclan. Atteint par une balle à la moelle épinière, il devient paraplégique et notre vie bascule une première fois. Il nous faut tout réapprendre dans un monde qui nous est parfaitement inconnu : les gestes du quotidien, les déplacements... Mais aussi l'équilibre de notre couple, d'une histoire d'amour naissante dans l'insouciance de nos 25 ans à une équipe complice et soudée, déterminée à vivre intensément et à tirer le meilleur d'une situation que nous n'avons pas choisie.

Quatre bras, deux jambes : passionnés de voyages, de nature et de grands espaces, nous voulons explorer le monde, ses plus beaux paysages et ses terrains parfois si hostiles pour les roues du nouvel accessoire de Pierre. De nos expériences d'abord balbutiantes naît une conviction : rien n'est impossible avec le bon équipement, les bons coéquipiers... et la bonne information.

En 2018, notre vie bascule une deuxième fois : nous créons Wheeled World, le média de l'aventure pour tous, afin de combattre les limites physiques et psychologiques qui entravent les voyageurs en fauteuil. Notre objectif est d'expérimenter et d'ouvrir la voie à d'autres, en partageant notre expérience. Destination le monde, pour mettre en lumière des expériences adaptées et raconter nos aventures, en vidéos, en photos et dans nos articles de blog.

Nous ne le savons pas encore, mais cette parenthèse que nous pensions temporaire sera bientôt notre nouvelle vie. En 2021, nous créons notre entreprise pour poursuivre le développement de notre projet : nous voilà voyageurs à plein temps ! Créateurs de contenus, conférenciers, consultants en accessibilité, concepteurs de voyages... Wheeled World devient notre deuxième identité. La route, notre deuxième maison.

En 2021 toujours, nous racontons notre histoire dans un témoignage publié chez Fayard, *Un éclat dans le noir*. Ce premier livre raconte notre parcours, de cette nuit du 13 novembre à nos premières aventures autour du monde. En l'écrivant, nous voulions parler d'un chemin, celui de la reconstruction et de la résilience, mais aussi mettre en perspective les moments sombres d'hier et les aventures d'aujourd'hui, pour donner de l'espoir à ceux qui, demain, se retrouveraient dans notre situation.

Aujourd'hui, nous voulons transmettre plus que de l'espoir. *Les Évadés*, c'est un carnet de voyage. En vous offrant le récit de nos plus belles aventures (et mésaventures), nous voulons vous faire rêver.

Mais cet ouvrage est aussi un condensé de tout ce que nous avons appris en sept ans à travers le monde. Vous y trouverez nos conseils pratiques pour, vous aussi, oser créer vos propres expériences.

Enfin, *Les Évadés* est un manifeste. Nous affirmons que la différence – quelle qu'elle soit – peut trouver sa place dans la société, même là où on l'attend le moins, même là où on la pense impossible, pour peu que nous fassions tous, collectivement, l'effort de la penser différemment.

La différence n'est pas le problème. Elle est ce qui nous rassemble car, uniques, nous le sommes tous, avec nos propres contraintes et nos propres difficultés. Mais aussi, chacun, avec nos forces, nos rêves, et nos possibilités.

Myriam et Pierre

Retrouvez nos aventures en ligne :

– sur notre blog : www.wheeledworld.org

– sur les réseaux : @wheeled_world

SOMMAIRE

LE TOIT DE

L'AFRIQUE

À l'assaut du Kilimandjaro

14 juillet 2022. Écrasés par l'altitude, nos poumons cherchent l'oxygène qui nous donnera la force de continuer à avancer. Nos pieds s'enfoncent dans le sable mou, ralentissant notre progression alors que nous peinons déjà à prendre de la hauteur. Sur cette pente vertigineuse, perchés à 5 500 mètres d'altitude, chacun des ving-cinq membres de l'équipe est concentré sur l'objectif.

Dans le silence assourdissant de la haute montagne, on n'entend que les interjections en swahili des porteurs coordonnant leurs forces pour faire progresser Pierre vers ce sommet qui nous surplombe, à quelques centaines de mètres : « *Juu ! Kushoto ! Kulia !* »

Alors que l'heure avance et que les nuages se resserrent autour de nous, une seule question nous envahit, lancinante : après tant de mois de préparation, tant d'attente et tant d'efforts, pourrons-nous enfin réaliser ce rêve ? Est-ce qu'on arrivera à atteindre le sommet du Kilimandjaro en fauteuil roulant ? Et si oui, à quel prix ?

Dodgers

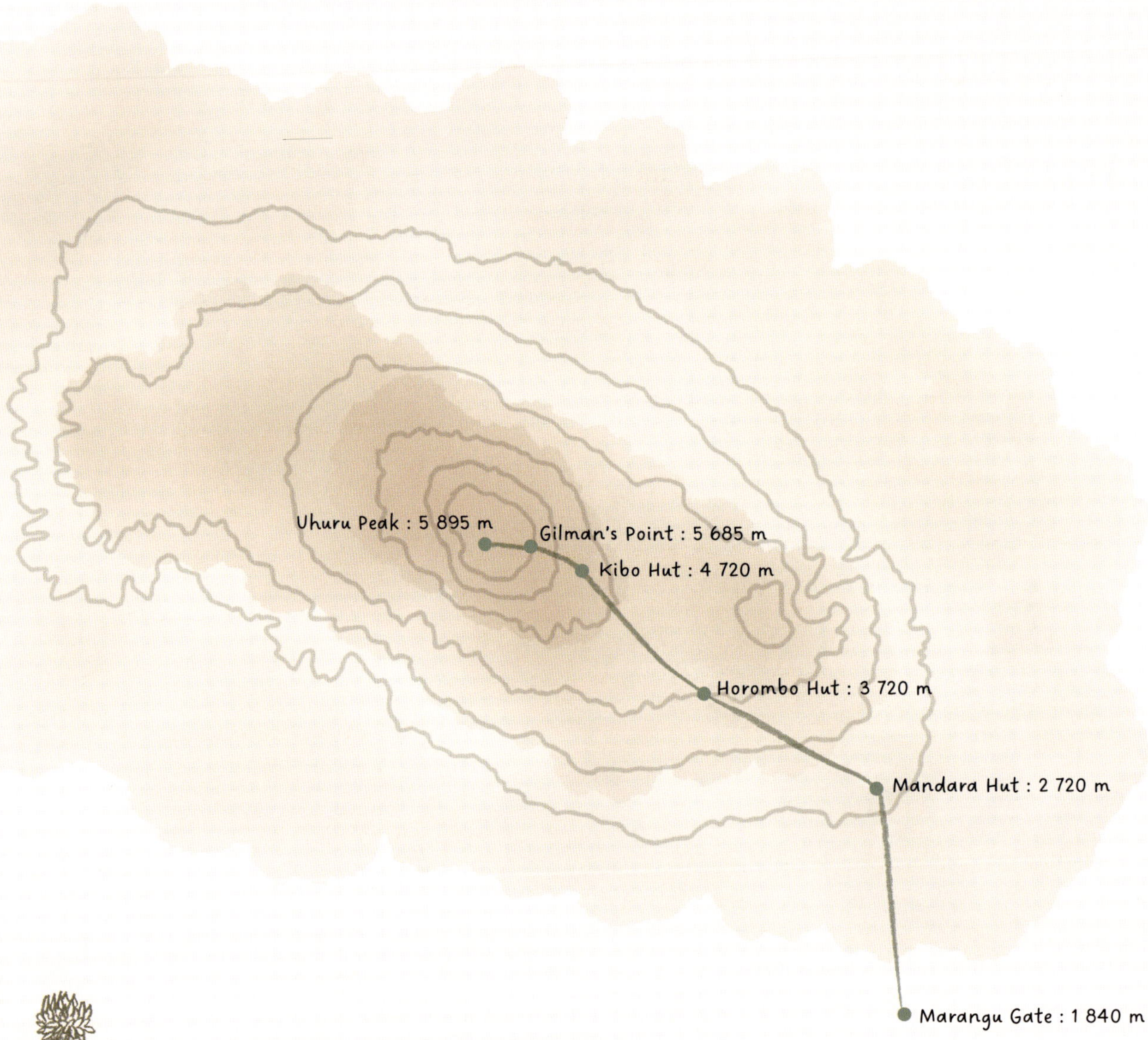

SEPT JOURS D'AVENTURE SUR LES PENTES DU KILIMANDJARO

● Jour 1
Marangu Gate ---> Mandara Hut
Dénivelé : + 880 m
Distance : 12 km

● Jour 2
Mandara Hut ---> Horombo Hut
Dénivelé : + 1175 m; -2175 m
Distance : 13,2 km

● Jour 3
Horombo Hut
Journée d'acclimatation
Altitude : 3720 m

● Jour 4
Horombo Hut ---> Kibo Hut
Dénivelé : + 1000 m
Distance : 9,5 km

● Jour 5
Kibo Hut-Uhuru Peak ---> Horombo Hut
Dénivelé : + 1 175 m/- 2175 m
Distance : 16 km

● Jour 6
Horombo Hut ---> Mandara Hut
Dénivelé : - 1000 m
Distance : 13,2 km

● Jour 7
Mandara Hut ---> Marangu Gate
Dénivelé : - 880 m
Distance : 12 km

Un rêve en suspens

Gravir le Kilimandjaro en fauteuil roulant... On ne sait pas bien qui de nous deux a eu cette idée étrange en premier, mais elle nous est vite apparue comme une évidence. Nous sommes en 2018, en pleine préparation d'un tour du monde qui durera quatorze mois à travers quinze pays et quatre continents. Notre objectif : faire voler en éclats les barrières physiques et psychologiques qui entravent les personnes en fauteuil roulant lorsqu'il s'agit de voyager. En explorant le monde, en vivant des aventures incroyables et en partageant nos expériences sur notre média Wheeled World, nous voulons inviter à oser. Et prouver que tout est possible (ou presque) avec les bons équipements, les bons coéquipiers et les bonnes informations.

Le choix de nos destinations est révélateur de notre soif inextinguible de liberté. C'est décidé : nous voulons vivre, intensément. Ne plus perdre une minute. On reprend la liste des pays qu'on rêvait de découvrir, avant. Avant cette nouvelle vie qui a commencé le soir du 13 novembre 2015. Avant que Pierre ne devienne paraplégique, blessé d'une balle dans le dos lors de l'attentat du Bataclan.

Ces pays qui nous appelaient, avec leur nature sauvage et leurs grands espaces, et qui nous semblaient à présent si inaccessibles, lointains, au-delà de notre portée de couple handi-valide, à qui la vie imposait désormais un nouvel accessoire, et un nouveau champ de contraintes. On reprend cette liste, et on décide d'y aller. L'Amérique du Sud, l'Océanie, puis l'Afrique et l'Asie : une chose est sûre, on ne se mettra plus de limites avant d'avoir essayé. Ces paysages sont-ils accessibles ? A priori, non. Mais après tout… On ne saura pas si on ne va pas voir. Alors, quitte à rêver, on rêve grand : pour chaque continent, on choisit un défi. Un truc sur lequel on ne nous attend pas, qui semble impossible pour une personne en fauteuil. En Amérique du Sud, ce sera le Machu Picchu et ses centaines de marches. Puis on traversera la Nouvelle-Zélande à vélo. Et ensuite ? Une réponse évidente : le toit de l'Afrique et ses 5895 mètres de pentes sableuses, ponctuées de racines enchevêtrées et d'imposants rochers.

On fixe la date : l'ascension se fera en juin 2020. Mauvais calcul bien sûr, mais on ne pouvait pas anticiper la pandémie mondiale qui nous contraindrait à remettre ce projet à plus tard. C'est donc finalement en juillet 2022 que nous nous lancerons à l'assaut de la voie Marangu, après deux ans d'attente… et de préparation.

Ne rien laisser au hasard

À droite. En plein entraînement durant le stage « montagne » à Chamonix. Le départ est prévu pour dans un mois.

Ces deux ans n'auront finalement pas été de trop pour préparer cette ascension. S'il semble réalisable (malgré l'altitude, pas de parties techniques, de crampons ni de piolets nécessaires), ce défi ne requiert pas moins une organisation logistique et une planification minutieuses. Rien ne doit être laissé au hasard avant de partir : une question de sécurité d'abord, et une bonne manière de limiter les regrets au cas où on n'irait pas jusqu'au bout. Après tout, si on est sûrs d'avoir tout fait pour y arriver, peut-on vraiment s'en vouloir si des aléas indépendants de notre volonté nous contraignent à faire demi-tour ?

Gravir le Kilimandjaro est un défi en soi. Intégrer dans la préparation les contraintes liées au handicap y ajoute une grande complexité. Pour être certains d'être prêts, on travaille sur chaque axe de l'ascension, anticipant toutes les problématiques auxquelles nous allons être confrontés.

L'équipe

Fauteuil roulant ou pas, on ne se lance pas seul(e) dans l'ascension du Kilimandjaro. La réglementation impose que toute personne voulant gravir la montagne le fasse avec

MAMMUT
MAMMUT

ILIMANJARO
NATIONAL
PARK

une agence locale et un guide agréé. Nous sommes accompagnés par Terres d'Aventure dans ce projet, et l'agence nous met en relation avec Abeid, un guide aguerri qui gravit la montagne une trentaine de fois par an depuis des années. Il emmènera avec lui quatre autres guides, un cuisinier et quinze porteurs. Un dispositif renforcé par rapport à une équipée «standard», mais finalement peu étonnant, les grimpeurs étant habituellement accompagnés d'un porteur chacun pour acheminer les sacs de matériel et la nourriture d'une étape à l'autre.

De notre côté, nous partirons à six : nous deux ; Nicolas, ami de longue date et photographe ; Cécile, la sœur de Pierre ; Fabien, qui réalisera le documentaire *En roues libres* sur notre ascension ; et Pierre, un ami de Cécile.

L'itinéraire

Le choix et l'analyse de l'itinéraire sont essentiels dans la préparation d'une telle aventure. Parmi les nombreuses voies qui serpentent jusqu'au sommet du Kilimandjaro, plusieurs options s'offrent à nous. Après quelques échanges avec Abeid, nous choisissons de passer par la voie Marangu. Plus courte et moins technique que les autres, cette voie a deux particularités. Premièrement, elle est la seule à proposer des hébergements en refuge. L'ascension promettant d'être difficile, nous anticipons donc un fort besoin de sommeil et préférons nous concentrer sur les efforts de la journée plutôt que d'y ajouter les contraintes et l'inconfort d'un bivouac en fauteuil roulant. Deuxièmement, cette voie permet d'arriver au sommet en quatre jours, mais au prix d'un dénivelé positif constant.

Notre première rencontre avec Abeid, qui nous détaille l'itinéraire et les difficultés qu'il anticipe.

Loin d'être un objectif pour nous, la vitesse ajoute au contraire une difficulté supplémentaire : une ascension rapide implique également une plus grande difficulté à s'acclimater à l'altitude, et un risque accru de MAM, « mal aigu des montagnes ».

Une fois notre itinéraire choisi, nous tentons de récolter un maximum d'informations sur le terrain. Par expérience, nous savons que notre capacité à nous projeter dans ce qui nous attend sera un enjeu majeur pour nous permettre de nous préparer, de nous adapter... et d'atteindre notre objectif. Afin de choisir l'équipement idoine et de nous préparer physiquement, la compréhension des obstacles et des efforts associés est indispensable. Nous aurons besoin de toute l'expertise d'Abeid pour réaliser cet exercice de projection.

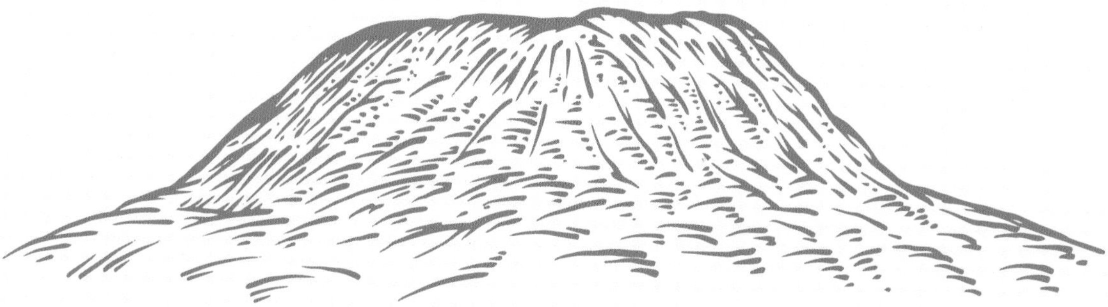

RANDONNÉE EN FAUTEUIL : QUELS ÉQUIPEMENTS ?

Plus qu'un plaisir, partir s'aérer en pleine nature est un vrai besoin ! Mais quand on est en fauteuil, ça demande un peu d'organisation… et surtout le bon équipement.

Voici un panorama (non exhaustif) des différentes solutions qui existent pour une immersion réussie en pleine nature :

- LES ROUES CROSS, UN INCONTOURNABLE !

Plus solides, plus stables et avec une meilleure prise au sol sur des terrains accidentés. Notre conseil : prévoyez de glisser un système anti-crevaison à l'intérieur du pneu pour éviter les problèmes.

- TROISIÈME ROUE MANUELLE : FREEWHEEL, FRONTWHEEL, ROUE MAGELLAN…

Elle se fixe à l'avant du fauteuil pour soulever (et protéger) les petites roues et vous permet de naviguer plus facilement entre les obstacles. Notre conseil : renseignez-vous sur la compatibilité de la roue avec votre cale-pied et votre châssis pour bien la choisir.

- HARNAIS ET CORDES, NOTRE « SYSTÈME D » PRÉFÉRÉ !

Sur un harnais d'expédition polaire, on fixe deux cordes à l'aide de mousquetons, qu'on attache au fauteuil de Pierre : un super moyen de partager l'effort. Notre conseil : communiquer ! Pour bien gérer les efforts et la fatigue de chacun et éviter de casser une petite roue sur un obstacle…

- TROISIÈME ROUE ÉLECTRIQUE : TRIRIDE, MYOMNIRIDE, BATEC…

Idéale pour préserver les épaules sur de grandes distances. 100 % assistée ou avec un maindalier, elle est peu adaptée aux terrains très accidentés ou aux pentes très raides. (Ça patine !) Notre conseil : réfléchissez bien aux avantages et inconvénients selon le type de voyage que vous entreprenez. Une roue électrique est plus lourde et plus encombrante qu'une manuelle.

- FAUTEUIL TOUT-TERRAIN

Là, on passe (presque) partout !
Les FTT peuvent être électriques ou manuels (fauteuils de descente uniquement) et permettent de plonger dans des paysages très accidentés, sous réserve que les chemins soient suffisamment larges. Notre conseil : les FTT coûtent cher et sont difficilement transportables. Renseignez-vous sur les options de prêt et/ou location disponibles à l'endroit où vous vous rendez.

- JOËLETTE

Idéale pour les sentiers étroits et les ascensions rocheuses, cette chaise à porteurs sur roues permet de belles escapades pour tous les handicaps. En revanche, la personne assise dessus ne peut pas contribuer à l'effort et plusieurs coéquipiers sont nécessaires pour se relayer et assurer la stabilité dans les passages techniques. Notre conseil : de nombreuses associations (et maintenant certains offices de tourisme) proposent des prêts ou des locations, parfois avec accompagnants. Renseignez-vous en fonction de votre destination.

L'équipement

Vouloir vivre des aventures en pleine nature quand on est en fauteuil, c'est se confronter systématiquement à une réflexion poussée sur l'équipement. Ce qui, dans la plupart des cas, implique de disposer d'un équipement spécifique à l'aventure que l'on veut vivre, en sachant qu'on devra probablement s'équiper chaque fois différemment afin de s'adapter au terrain, aux contraintes, à l'objectif. On n'utilise pas le même fauteuil (ou, a minima, les mêmes roues) pour se balader dans le désert, rouler en forêt, faire de la vitesse ou profiter d'une balade en montagne. La bonne nouvelle : de nombreux équipements existent pour permettre aux PMR (personnes à mobilité réduite) de profiter de la nature. La mauvaise : ces équipements sont encore trop rarement disponibles en prêt ou en location sur place, et ils coûtent pour la plupart extrêmement cher à la personne qui voudrait se les procurer – sans compter la logistique pour acheminer son propre matériel.

C'est en connaissance de cause que nous abordons la réflexion sur le matériel nécessaire à l'ascension. Première étape : fixer le cahier des charges. Avec, pour nous, une priorité : Pierre doit pouvoir contribuer à l'effort commun qui nous permettra, à tous, de gravir la montagne. Il lui faut donc un équipement grâce auquel il puisse pousser sur ses roues, dans les meilleures conditions possible. Cette exigence peut sembler anecdotique, mais elle revêt une importance cruciale.

Symboliquement, d'abord. Depuis que Pierre est paraplégique, nous constatons en de trop nombreuses occasions que la société porte un regard extrêmement limitant sur le handicap. Pour beaucoup (trop) de personnes, être en fauteuil implique qu'on ne peut plus rien faire par soi-même, qu'on est forcément dépendant de quelqu'un d'autre à 100 %. Certes, le handicap moteur peut créer de la dépendance, notamment quand l'environnement n'est pas adapté, mais ce n'est pas systématique. Et le fait de compter sur de l'aide pour certaines situations ne fait pas des personnes en fauteuil roulant des individus dépendants au sens large. La plupart peuvent faire beaucoup, sous réserve qu'on les laisse essayer et qu'on ne les mette pas automatiquement dans la case « en fauteuil = ne peut plus faire... ». Pour combattre cette idée reçue, nous construisons cette aventure comme nous avons construit les précédentes : nous sommes une équipe, dans laquelle chaque coéquipier a ses spécificités. Et comme pour toutes les équipes, chacun doit contribuer à atteindre l'objectif, de toutes ses forces, et avec ses contraintes.

Au-delà de cette symbolique, cette exigence complexifie fortement le choix de l'équipement, aucun fauteuil n'étant nativement prévu pour ce type d'aventure. Il devra être suffisamment large pour optimiser la stabilité, mais suffisamment étroit pour être maniable dans les passages escarpés. Léger pour limiter les efforts, mais solide pour résister aux chocs. Réparable sur place aussi, en cas de casse. Équipé de poignées pour

faciliter l'effort de l'équipe, mais pas trop hautes pour ne pas bloquer les mouvements de Pierre. Confortable pour éviter les blessures, mais adaptable pour garder une position dynamique sur des inclinaisons changeantes. Vous l'aurez compris, ce fauteuil n'existe pas dans le commerce. Et le faire construire spécialement pour l'occasion coûterait une fortune : impossible.

C'est grâce à Mouloud que nous trouvons la solution. Fournisseur de matériel de Pierre depuis plusieurs années, il nous propose un fauteuil de seconde main que l'un de ses clients n'utilise plus. Bien qu'il soit un peu lourd et encombrant, il est robuste : le compromis semble donc acceptable. Mouloud et son équipe retravaillent tout pour faire en sorte que ce châssis devienne notre meilleur allié. On module l'assise. On y ajoute des poignées et une roue avant pour passer les obstacles. On complète avec deux paires de roues cross que l'on vient attacher de chaque côté du fauteuil, pour améliorer la stabilité et l'adhérence. Après beaucoup de réflexion et de créativité, et un certain nombre de séances de bricolage, le fauteuil est testé : ça devrait convenir.

La préparation physique

Nous ne sommes pas sportifs. Ou en tout cas, pas vraiment. Nous ne l'avons jamais été. Mais voilà, on a commencé à voyager en fauteuil... et tout a changé.
Au fil de nos aventures, on se rend compte que notre condition physique a un impact déterminant sur notre capacité à explorer. À deux, nos muscles et nos souffles nous portent plus loin lorsque nous sommes en forme. Et nous obligent à renoncer face aux difficultés quand l'un de nous deux l'est moins. Face aux obstacles sur des terrains peu adaptés, nous ne formons plus qu'un organisme. Un corps à deux jambes, quatre bras et deux roues. Pour aller le plus loin possible ensemble, nous devons tous deux être en capacité de mettre notre effort au service d'une avancée commune. Pousser en parfaite coordination. Garder l'équilibre. Et soulager l'autre en redoublant d'efforts si cela devient nécessaire.

Double page suivante. Nos premiers pas sur le mont Meru, pour tester le matériel et notre synchronisation avant la « vraie » ascension.

En Nouvelle-Zélande, nous nous sommes lancés à vélo, sans entraînement, sur les routes. La forme globale acquise pendant ces six mois d'aventures nous a permis de « survivre » d'étape en étape. A posteriori, on a réalisé que la fin du voyage était nettement moins douloureuse que le début. Plus fluide aussi, avec un plaisir ressenti bien supérieur pendant l'effort. À force de pédaler, notre corps s'était adapté : à défaut de nous préparer avant, nous avions gagné une capacité physique qui nous permettait de faire notre étape tout en profitant des paysages à couper le souffle alentour. Notre grande chance : malgré un manque évident de progressivité, nous ne nous sommes pas blessés.

PRÉPA PHYSIQUE : POURQUOI, COMMENT ?

• LES BÉNÉFICES D'UNE PRATIQUE SPORTIVE RÉGULIÈRE

La préparation sportive joue un rôle clé dans la réussite d'un défi ou d'une aventure. Endurance, force, mobilité, mais aussi prévention des blessures : elle nous apparaît aujourd'hui comme un indispensable de nos projets d'exploration, avec un volet général visant à entretenir notre forme physique, mais aussi des préparations spécifiques à l'effort qui devra être fourni pendant l'aventure concernée.

Au-delà de ces projets, force est de reconnaître que la pratique sportive est un vecteur de santé physique et mentale incontournable. Ce constat est valable pour tous, a fortiori pour les personnes à mobilité réduite, pour qui faire du sport permet de gagner, entre autres, en autonomie et en mobilité. Parmi les bénéfices, on observe notamment :

- une facilitation des transferts ;
- une amélioration de la posture ;
- dans certains cas, une baisse de la spasticité et des douleurs musculaires et/ou articulaires ;
- un renforcement des muscles permettant de limiter les risques de blessures ou d'usure anticipée de haut du corps, plus sollicité que chez une personne marchante.

Sans chercher à faire du sport de manière intensive, en faire régulièrement est donc un moyen de préserver ses os et ses articulations afin de favoriser le bon fonctionnement de l'organisme à court et à long terme.

• UN SPORT OUVERT À TOUS

Si de nombreuses activités sportives se pratiquent aujourd'hui en fauteuil roulant, c'est vers le CrossFit que nous nous sommes tournés pour cette préparation. Nous avions de nombreux préjugés sur cette pratique, mais, parce qu'elle permet d'allier des exercices de renforcement, de mobilité et de cardio, elle s'est avérée idéale pour nos entraînements. Voici ses atouts :

- Extrêmement complet, le CrossFit permet de travailler sur différentes dimensions : l'endurance, la force, mais aussi la mobilité, la coordination ou l'équilibre.

- Certains exercices pouvant se pratiquer en relais ou en synchronisation, il est idéal pour travailler l'esprit d'équipe et les efforts collectifs en tenant compte des forces et des contraintes de chacun.

- En CrossFit, tout le monde a toujours une marge de progression, même les athlètes les plus chevronnés. Il en résulte une ambiance bienveillante et communautaire où chacun se concentre sur sa progression tout en proposant son aide aux autres sur la leur. On ne juge pas, on se soutient : parfait pour les débutants parfois intimidés par le regard des autres.

- Enfin, c'est un sport inclusif par nature : les entraînements WOD (« Workouts of the Day ») sont conçus pour être modulaires, ce qui signifie que les exercices ou leur intensité peuvent être ajustés en fonction des capacités physiques des participants. Et ce, même en compétition, en incluant des adaptations d'exercices pour les personnes à mobilité réduite selon leurs possibilités (avec ou sans abdominaux, par exemple). Les « box » de CrossFit (salles où se pratiquent les WOD) sont par ailleurs de grands espaces modulables avec différents types d'équipements, laissant une grande latitude pour mettre en place des dispositifs d'entraînement adaptés à chacun.

L'ascension du Kilimandjaro devait avoir lieu juste après cette itinérance : nous comptions donc sur la condition acquise grâce au vélo pour nous aider à gravir les pentes de la montagne. Mais après quelques mois, plusieurs confinements et de nombreuses expériences culinaires, cette condition a complètement disparu. Nous ne savons pas vraiment «faire du sport» : pour nous, l'effort est avant tout associé à la poursuite d'un objectif peu accessible, en pleine nature.

Octobre 2021. Debout dans le salon, Nico nous regarde tour à tour, l'air de se demander si on plaisante. «Vous voulez que je vienne avec vous sur le Kili ?» La demande est très sérieuse, mais le projet lui semble, lui, complètement irréaliste. «Vu ma forme physique, je ne me vois déjà pas, moi, monter. Donc si on doit en plus tirer et pousser tous les trois, je ne vois pas comment on peut y arriver. Il faudrait qu'on soit mille fois mieux préparés, on ne peut pas partir comme ça.»

Une chose est certaine aujourd'hui : Nico avait raison. Gravir le Kilimandjaro à pied exige une forme plutôt bonne. Les difficultés liées au fauteuil roulant rendent la préparation physique indispensable pour se donner une chance d'y parvenir. Dans les jours qui suivent, on écrit un message à Michaël Jérémiasz, qui avait récemment terminé une Spartan Race en fauteuil et qui s'était fait accompagner pour sa préparation. Quelques semaines plus tard, nous rencontrons Enguerrand Aucher, qui deviendra notre coach pour de nombreux défis.

Une semaine de stage en montagne

Préparateur physique d'athlètes olympiques et paralympiques (notamment), Enguerrand est un fervent défenseur du «sport pour tous» : son approche progressive, adaptée à notre niveau (ou notre absence de niveau) sportif, nous rassure. Dès nos premiers échanges, nous en sommes convaincus : il peut nous permettre d'acquérir la condition physique nécessaire pour atteindre le sommet. En janvier, on se lance dans la préparation la plus intensive de notre vie. Accompagnés d'Enguerrand et de son équipe (Angelo Andreazzoli pour le coaching et Sébastien Fasquel pour la nutrition), on découvre des muscles dont l'existence nous avait toujours échappé. Deux séances par semaine, puis trois, puis quatre : la salle de CrossFit à Saint-Maur-des-Fossés devient une deuxième maison où se rejoignent tous types de profils, de tous les âges, dans une ambiance toujours bienveillante. Nous y redécouvrons le sport sous un nouveau jour à mesure que nos muscles s'affûtent, nous donnant une confiance nouvelle dans notre capacité à atteindre notre objectif. En juin, nous partons pour une semaine de stage en montagne. Direction Chamonix ! Séance en salle le matin, randonnée «en condition» l'après-midi, les tests sont concluants. L'effort est intense, la progression lente, mais nous parvenons à avaler du dénivelé, à trois. Reste à savoir ce que ça donnera sur place, avec plus de dénivelé, un terrain que nous ne connaissons pas encore… et l'altitude, dont nous ignorons encore l'impact qu'elle aura sur nos organismes.

Un départ sur le fil

6 juillet 2022. Après des mois de préparation intensive, nous sommes prêts. Tout du moins le croyons-nous.

À travers le hublot, nous apercevons le sommet du Kilimandjaro, auréolé de nuages : si proche, et pourtant si lointain. Cette vision nous emplit immédiatement d'un sentiment d'excitation mêlé d'une pointe d'inquiétude. Dans huit jours, on sera là-haut. Mais que de chemin à parcourir entre-temps ! À peine arrivés, nous vérifions l'état du matériel et peaufinons les derniers détails.

Montage du fauteuil, installation des poignées, contrôle des roues : tout est OK. Le lendemain, on rencontre Abeid, qui nous présente son plan pour l'ascension, puis il est temps de prendre un peu de repos : demain, nous irons faire un test sur le mont Meru avec trois des guides de l'équipe (Abeid, Lamsi et Nyanda), afin d'éprouver le matériel et le dispositif pour l'ascension.

Apprendre à se synchroniser

9 juillet. Par la fenêtre du van, les paysages de savane défilent sous nos yeux.

Le fauteuil a été fixé sur la galerie, l'excitation est palpable : on va enfin pouvoir se tester en conditions réelles. Abeid nous a prévenus : le terrain du mont Meru est difficile. Pas autant que les pires moments du Kilimandjaro, mais plus que la majorité de l'ascension. Les rochers, le dénivelé, les crevasses de boue qui lacèrent les pentes en font un véritable défi : le terrain parfait pour s'entraîner et apprendre à se synchroniser, à la veille du départ.

Se synchroniser... Tellement primordial, mais beaucoup plus facile à dire qu'à faire quand une partie de l'équipe n'a pas l'habitude de manier un fauteuil roulant ! Dès les premières minutes de l'entraînement, on comprend qu'il va falloir faire preuve de pédagogie. Après une marche de quelques kilomètres dans les hautes herbes peuplées de buffles imposants, nous nous retrouvons face à une rivière de quelques mètres de large. Une passerelle étroite relie un bord à l'autre, mais le fauteuil ne passera pas : il faudra traverser à pied.

Myriam est à l'avant avec le harnais, Nyanda pousse à l'arrière. De l'eau jusqu'aux chevilles, on traverse lentement pour ne pas glisser. Puis il faut remonter sur l'autre rive : Myriam tire, les cordes se tendent, soulevant l'avant du fauteuil.

THE NORTH FACE

Nyanda lâche les poignées un instant. En une fraction de seconde, le fauteuil bascule, rattrapé in extremis par Nyanda qui évite à Pierre un bain d'eau glacée. Plus de peur que de mal, on met le cap sur notre vrai objectif : une pente quasi verticale qui monte tout droit entre les arbres, à flanc de montagne.

Impatients d'en découdre, nous ne prenons pas vraiment le temps d'expliquer à nos guides le fonctionnement du fauteuil, son équilibre et les mouvements à éviter pour limiter les risques de casse. Grave erreur. Le dispositif peut sembler simple : Pierre pousse sur les roues, une personne pousse à l'arrière et une autre tire à l'avant. Mais la réalité s'avère beaucoup plus subtile. Un caillou mal placé, un geste un peu trop brusque, une mauvaise coordination de mouvement peuvent provoquer une chute, ou la casse du matériel. Il suffit de quelques secondes.

L'air chaud et humide nous enveloppe, alors que nous déployons d'immenses efforts pour gagner de l'altitude sur ce sentier couvert de racines et de pierres instables. Abeid, Lamsi et Nyanda se relaient à l'avant et à l'arrière pour se familiariser avec notre équipement. On sent leur enthousiasme et leur envie d'aller vite, de se mettre au rythme habituel de ces ascensions qu'ils connaissent par cœur. Le défi est une première pour eux, et ils poussent de toutes leurs forces pour passer les obstacles coûte que coûte.

La casse

Nous avons gravi 100 mètres quand un craquement retentit. L'une des roues avant du fauteuil gît sur le sol, au milieu des cailloux. Bloquée sur l'un d'entre eux, elle a ployé lors de la poussée, jusqu'à se détacher complètement du fauteuil : le métal n'a pas résisté. Le choc est rude, mais on relativise : la plupart de l'effort doit être porté sur la roue avant, que nous avons ajoutée pour le côté tout-terrain. Les petites roues ne sont finalement pas d'une grande utilité… sauf pour le quotidien, hors ascension.

Une chose est sûre désormais : il nous faudra emmener deux fauteuils sur le Kilimandjaro. Celui-ci, pour parcourir les chemins, et le fauteuil habituel de Pierre, pour qu'il puisse l'utiliser au refuge en toute autonomie. Un poids supplémentaire qu'Abeid juge acceptable : il n'est pas inquiet. Mais à l'arrêt au milieu de la pente, on constate avec effroi un élément bien plus inquiétant. Après seulement 100 mètres de dénivelé et quelques kilomètres, deux des roues arrière du fauteuil sont déjà à plat. Et plus grave encore : du côté droit, le système de fixation qui maintient les roues entre elles a cassé, et les pneus commencent à se désolidariser. L'équipement que nous avions imaginé n'a pas passé le test de l'entraînement, et le départ est prévu le lendemain : saisis de doutes, nous faisons demi-tour pour rentrer au lodge, déçus et inquiets.

10 juillet. La nuit agitée n'a pas apaisé les doutes de la veille. Levés à l'aube, nous préparons nos affaires pour l'ascension : un sac de 12 kilos maximum chacun qui sera transporté par les porteurs, et un sac pour la journée avec nos différentes couches de vêtements, de quoi manger pendant les pauses et 4 litres d'eau. La porte ouverte, nous guettons Abeid qui est parti la veille au soir avec le fauteuil cassé. « Hakuna matata » : en Tanzanie, il n'y a pas de problème. Juste des solutions. Mais malgré la confiance d'Abeid, nous ne sommes pas sereins : quel que soit le nouveau dispositif, on ne pourra le tester qu'une fois lancés, en conditions réelles. Ça passe ou ça casse. La sensation n'est vraiment pas confortable.

Quand Abeid nous rejoint, nous n'en revenons pas. La roue avant qui avait cassé a été resoudée sur le fauteuil. Elle ne touche pas tout à fait le sol, mais elle est bien là. À l'arrière, deux roues de moto flambant neuves, sur lesquelles ont été fixées des mains courantes. Selon lui, la garantie d'une solidité à toute épreuve face aux obstacles de la montée. Seul inconvénient : ces roues pèsent beaucoup plus lourd que les précédentes. Le fauteuil a pris plus de 10 kilos dans la nuit. Rassurés de voir que le départ se profile à nouveau mais sans aucune visibilité sur l'impact d'une telle évolution, nous montons dans le van, impatients de découvrir ce qui nous attend. Direction Marangu Gate.

Première étape compromise

Nous sommes enfin au point de départ tant attendu de cette aventure qui s'annonce épique, après deux ans de préparation ! À 1 840 mètres d'altitude, nous sortons le matériel du van et nous préparons à attaquer l'ascension. Pierre s'installe dans son fauteuil, attrape ses mains courantes… et se rend compte immédiatement que quelque chose ne va pas. Dès qu'il amorce un virage, ses roues s'éloignent de l'assise. Trop courts par rapport à la largeur des nouvelles roues, les axes ne s'emboîtent plus dans le système de blocage qui les maintient dans le châssis. En d'autres termes, les roues n'étant pas attachées au fauteuil, elles tomberont au premier obstacle. La nouvelle nous fait l'effet d'un coup de poing dans l'estomac. Cette fois, le départ est sérieusement remis en question. Penchés au-dessus du fauteuil, nous y allons tous de nos idées et de nos réflexions pour tenter de trouver une solution, en vain. Au pied de la montagne, nous sommes à court d'options. Il nous faut partir au plus tard à 11 heures pour espérer arriver avant la nuit : l'aventure n'a pas encore démarré, et la première étape semble déjà compromise.

Abeid raccroche son téléphone et se tourne vers nous : il a trouvé un garage qui pourra peut-être nous aider, à quelques kilomètres de là. Une petite équipe remonte dans le mini-van pour emmener le fauteuil, pendant que nous attendons avec les affaires. Le temps s'étire en minutes interminables. Sans réseau, nous sommes coupés de toute nouvelle. Plus les heures avancent, plus il nous semble inimaginable de pouvoir prendre le départ. Trouvera-t-on une solution ? Pendant cette période chargée, peut-on seulement remettre le départ au lendemain ? Cela nous empêchera-t-il de tenter cette ascension dont nous rêvions tant ?

Il est 14 heures quand nous apercevons le van sur le parking. Guettant les visages de nos coéquipiers, nous poussons un soupir de soulagement en y apercevant des sourires. Au garage, ils ont trouvé une solution. On va pouvoir partir. Soulagés mais déjà épuisés par la multitude d'émotions qui se sont succédé depuis la veille, nous nous mettons en route. Notre ascension du Kilimandjaro démarre.

L'ascension

La forêt, notre première bataille

Dès la première étape, nous comprenons que notre aventure ne ressemblera en rien à celle que nous avions imaginée. Les premiers kilomètres nous mettent en confiance : afin de gagner du temps, nous empruntons la piste qu'utilisent les ambulances pour se rendre au premier refuge. La pente est raide, mais la route carrossable : nous progressons vite, avec Pierre qui pousse sur ses roues, un tireur et un pousseur qui se relaient. Jusque-là, tout se passe comme prévu.

Mais après 2 kilomètres, nous bifurquons. Pénétrant au cœur de la forêt tropicale qui encercle la montagne, nous faisons rapidement face à un amas de rochers impressionnant. Abeid nous avait prévenus que cette étape comportait « des escaliers », mais rien ne nous avait préparés à une telle difficulté.

Recouvertes de mousse et d'humidité, les pierres qui jonchent la route ne permettent plus d'avancer sans soulever le fauteuil : nous commençons à peine, et le système que nous avions imaginé ne fonctionne déjà plus. Les guides et les porteurs se concertent, ils hésitent sur la meilleure option. Le chemin est encore long pour atteindre Mandara, et la nuit approche : il faut faire vite. À l'aide de cordes et de branches trouvées dans la forêt, ils tentent de soulever Pierre, qui bascule vers l'avant et se rattrape in extremis, évitant la chute de peu. Sans abdos, pas facile de se tenir assis si le fauteuil penche trop… On fait une pause pour expliquer les problématiques et les risques aux porteurs, et on repart. Entre les arbres millénaires peuplés de singes, nous progressons lentement mais sûrement. Chaque mètre gravi demande à l'équipe un mélange de force, d'ingéniosité et de coordination pour trouver la meilleure position, la solution la plus efficace et la plus confortable pour tous. Après cinq heures d'efforts, la nuit tombée nous oblige à terminer à la frontale. Soulagés mais épuisés par les émotions de la journée, on atteint notre premier refuge : Mandara Hut.

DESPICABLE ME 2

Le sommet en ligne de mire

Après une courte nuit, nous nous réveillons dans un refuge glacial. Dehors, la nappe de brouillard qui, la veille, enveloppait la forêt n'a pas disparu, et nous nous lançons sur l'étape du jour avec une visibilité réduite. Abeid a décidé que les porteurs nous précéderaient avec le matériel : nous quittons donc Mandara avec une équipe restreinte. L'étape est longue : 13 kilomètres nous attendent avec un dénivelé équivalent à celui de la veille – il nous faudra avancer vite pour limiter la marche nocturne.

Notre progression est difficile sur un terrain rendu glissant par la pluie et la boue, et les roues butent sur les rigoles creusées perpendiculairement au sentier pour limiter les dégâts de l'eau. À de nombreuses reprises, des marches et des rochers barrent le chemin : il faut à nouveau pousser, soulever, repartir. Face aux efforts déployés par l'équipe, nous recommençons à douter : notre rêve mérite-t-il d'imposer à d'autres ce supplément de charge ? Nous qui pensions gravir les pentes de manière autonome, nous sommes-nous trompés sur nos capacités à relever ce défi ? Et est-il seulement possible d'y parvenir dans ces conditions ?

À 16 heures, nous nous arrêtons pour un déjeuner plus que tardif. Nous avançons trop lentement. Plongés dans nos pensées, peu enclins à la conversation, nous nous accrochons à notre bol de soupe chaude, préparée par Athumani sur le bord du chemin.

Alors que le vent se lève, les nuages s'ouvrent, découvrant sous nos yeux celui qu'on rêvait d'apercevoir : le sommet du Kilimandjaro se dresse au loin, imposant malgré la distance. C'est la première fois que nous l'apercevons depuis notre arrivée à Marangu Gate, et sa vue nous remplit d'une détermination nouvelle : le chemin est difficile, mais l'objectif est là. Il nous attend.
Abeid veut accélérer : il a demandé aux porteurs partis en avance de récupérer au refuge l'un des brancards à roue utilisés pour rapatrier les randonneurs blessés. L'équipe hisse

Pierre sur le brancard et repart. Soucieux de préserver les forces des porteurs grâce à ce système plus simple à manier, nous ne protestons pas : nous terminons l'étape à la nuit tombée après dix heures d'effort, nos doutes et nos questionnements en bandoulière. La journée d'acclimatation nous offrira, le lendemain, un repos nécessaire.

Lever de soleil sur les refuges d'Horombo, pendant la journée d'acclimatation.

L'altitude, ennemi invisible

La journée d'acclimatation à Horombo nous a fait du bien. À 3 700 mètres, une pause est indispensable à nos organismes pour s'habituer à l'altitude et limiter les risques de mal aigu des montagnes. Habituellement occupée par un aller-retour sur un mont proche, cette journée a été une pause complète pour nous. L'équipe est fatiguée, il faut préserver nos forces pour ce qui nous attend. Au programme : de longues discussions avec Abeid sur la suite de l'ascension, du repos, de solides repas, et la contemplation hypnotisante des paysages sublimes qui nous entourent… et de ce sommet qui nous attend, tache sombre et immobile sur le ciel d'azur dévoilé par le départ complet des nuages.

LE MAL AIGU DES MONTAGNES : DE QUOI PARLE-T-ON ?

Le mal aigu des montagnes (MAM) est une affection liée à une mauvaise adaptation de l'organisme à une altitude élevée (à partir de 1800 mètres). S'il est possible de limiter les risques, le MAM peut toucher tout le monde, indépendamment de l'âge, de la condition physique ou des expériences précédentes en montagne.

• LES CAUSES

La principale cause du mal aigu des montagnes est l'hypoxie (manque d'oxygène). Lorsque vous grimpez en altitude, l'air contient toujours 21 % d'oxygène, mais la pression atmosphérique diminue, rendant l'oxygène moins disponible pour les poumons et les tissus. Cela déclenche une réponse de votre corps : il augmente la fréquence respiratoire et la production de globules rouges. Cependant, cette adaptation prend du temps. Votre organisme peut ne pas compenser efficacement, et des déséquilibres se créent, comme une accumulation de liquide dans les poumons ou le cerveau. Certains facteurs augmentent le risque, comme une montée trop rapide (plus de 400 mètres par 24 heures au-delà de 3000 mètres), un effort intense peu après l'arrivée en altitude, ou une prédisposition individuelle.

• LES SYMPTÔMES

Le MAM peut se manifester sous des formes légères ou graves.

- Formes légères : maux de tête, nausées, insomnie, fatigue, ou perte d'appétit. Ces symptômes apparaissent souvent dans les six à vingt-quatre heures suivant une montée rapide.
- Formes graves : si le MAM n'est pas traité, il peut évoluer vers un œdème pulmonaire de haute altitude (OPHA) ou un œdème cérébral de haute altitude (OCHA). Ces complications graves se caractérisent par des troubles de la coordination, une confusion mentale, une difficulté à respirer (souvent accompagnée de toux avec du liquide mousseux), et peuvent mettre la vie en danger.

• DÉTECTION

La détection du MAM se fait via l'observation des symptômes, et l'utilisation fréquente d'un oxymètre pour mesurer la saturation du sang en oxygène.

• LIMITER LES RISQUES

Le risque zéro n'existe pas en altitude, et le MAM peut survenir à tout moment et pour tout le monde : il n'y a aucun moyen de l'éviter avec certitude.
Il existe néanmoins des facteurs qui peuvent réduire les risques d'occurrence.
Avant le départ :
- testez votre tolérance à l'altitude dans un centre proposant des simulations hypoxiques ;
- consultez votre médecin pour identifier si un traitement médicamenteux peut vous être recommandé lors de l'ascension ;
- travaillez votre condition physique avec un entraînement orienté sur le cardio pour renforcer votre endurance.

Pendant l'ascension :
- montez progressivement, en respectant des paliers d'acclimatation et des temps de repos ;
- économisez-vous : limitez les efforts intenses en altitude ;
- hydratez-vous en buvant régulièrement de l'eau (évitez l'alcool et la caféine) ;
- alimentez-vous de manière équilibrée et maximisez votre temps de sommeil ;
- n'ignorez jamais vos symptômes. S'ils se présentent, stoppez l'ascension pendant vingt-quatre heures et soyez attentif à leur évolution.

• QUELLES SOLUTIONS ?

Si, malgré ces précautions, les symptômes persistent ou s'aggravent, il sera nécessaire de descendre pour retrouver une meilleure oxygénation. Enfin, en cas de forme grave, l'utilisation d'oxygène ou d'un caisson hyperbare (ou « caisson de décompression ») peut être une option dans l'attente d'une descente et d'une prise en charge médicale.

À gauche. Le vent est glacial au-dessus de 4 000 mètres et il s'engouffre partout. Plusieurs épaisseurs sont nécessaires pour rester au chaud !

13 juillet. Déterminés, nous enfilons les couches de vêtements qui nous protègent du froid matinal. La pente raide qui nous attend dès la sortie du camp met nos poumons à l'épreuve. Nous commençons à sentir les premiers effets du manque d'oxygène et nous le savons : la nuit prochaine ne sera pas réparatrice. Après 1000 mètres de dénivelé supplémentaires, nos corps inquiets de cet environnement inconnu et hostile ne nous laisseront profiter que de peu de sommeil.

L'étape jusqu'à Kibo reste l'un de nos plus beaux souvenirs de cette ascension. Après une première partie pavée de rochers inégaux, le chemin se transforme soudain en une piste de sable dur qui s'étale en pente douce jusqu'au refuge. À notre gauche, un panneau se dresse au milieu de nulle part : «Last Water Point». Nous avons atteint le dernier point d'eau avant le sommet. Au-delà, rien d'autre qu'une immensité aride : on touche notre but du doigt. La tentation d'aller vite est grande, mais Abeid nous retient : encore une fois, il faut s'économiser, ne pas s'emballer, pour maximiser nos chances de parvenir au sommet. Plongés dans les paysages lunaires de la « selle de cheval » qui s'étend entre Mawenzi et Uhuru Peak, nous avançons lentement mais sûrement (« *pole pole* », en swahili) vers notre dernière étape. Pour la première fois, nous arrivons avant la nuit.

L'ascension finale

14 juillet 2022. Il est 5 heures du matin quand nos réveils sonnent, nous tirant d'une somnolence agitée. Comme prévu, nous avons peu dormi. Le froid, les maux de tête et la respiration courte n'ont pas aidé. Le départ pour l'ascension finale se fait habituellement à minuit pour vivre le lever de soleil au sommet et redescendre à Horombo dans la journée : deux nuits à 4 700 mètres d'altitude, ce n'est pas l'idéal, mieux vaut redescendre rapidement. Mais pour nous, un départ de nuit n'était pas raisonnable : pas question d'aborder cette verticale de sable dans le noir, il nous faudra attendre les premières lueurs du jour pour partir.

Double page suivante. Les porteurs redoublent d'efforts et de créativité pour nous permettre d'avancer.

D'heure en heure

5 h 30. Pendant que nous tentons difficilement d'avaler un petit déjeuner, Abeid et Lamsi procèdent aux vérifications habituelles. Suivant un protocole strict, ils viennent vers chacun de nous pour vérifier l'absence de symptômes de MAM et contrôler notre saturation en oxygène. Nico a mal au crâne. Le souffle court, il est nauséeux depuis plusieurs heures, et ça ne semble pas vouloir s'améliorer. Pour se lancer dans l'ascension,

le taux d'oxygène dans le sang doit être d'au moins 75 %. Au contrôle du sien, la sentence tombe : 59 %. Impossible d'envisager l'effort qui nous attend avec des symptômes aussi clairs. Nico va devoir redescendre à Horombo au plus vite pour éviter les complications. Nous ne le savons pas encore, mais il devra en réalité être évacué en pick-up dès le lendemain afin d'être pris en charge pour un œdème pulmonaire. Ébranlés par cette séparation de l'équipe si près du but et inquiets pour lui, nous devons pourtant nous mettre en route. On s'était mis d'accord : l'équipe devait continuer si l'un d'entre nous abandonnait. Les lois de la montagne.

6 heures. Dans l'aube glaciale qui se lève, on fait un dernier signe à Nico qui, sur le pas de la porte, nous regarde nous éloigner. Face à nous, la pente se dresse, verticale, infranchissable. Pas à pas, poussée par poussée, nous nous y engageons : cet après-midi, nous serons au sommet. Le soleil qui se lève derrière le mont Mawenzi nous inonde de sa puissante lumière dorée, couronnant ce moment solennel d'une beauté à couper le souffle.

9 h 30. 400 mètres de dénivelé nous séparent de Kibo, dont le refuge n'est plus qu'un minuscule point vert sur la toile de fond monochrome formée par le sable gris. Au vu de notre rythme, nous commençons à douter de notre capacité à arriver au sommet avant la nuit. Il nous a fallu trois heures pour parcourir cette première partie, et il nous reste deux fois plus de dénivelé jusqu'à Uhuru Peak. La fatigue accumulée et l'altitude grandissante font vaciller nos convictions, mais Abeid et son équipe sont déterminés. Et le sommet est si proche...

À gauche.
Dans les paysages désertiques, un porteur transporte le fauteuil « de ville » de Pierre, qu'il utilise le soir dans les refuges.

11 h 30. Alors que la pente se raidit brutalement et que le sable se fait de plus en plus profond, l'équipe doit changer de technique pour faire avancer Pierre. Les efforts de poussée conjoints ne suffisent plus, et les porteurs déploient des cordes de plusieurs mètres de long, pour répartir l'effort : nous ralentissons, mais la progression continue. Au pied de notre promontoire, les nuages, qui avaient entièrement disparu la veille, commencent à se reformer, auréolant le sommet d'un voile blanc en contrebas. Bientôt, on ne distingue plus le refuge.

13 heures. Le sable immaculé se ponctue d'imposants blocs de roche à mesure que nous progressons. Vestige d'un éboulement qui a tué un grimpeur imprudent, la zone dans laquelle nous pénétrons porte désormais son nom : Jamaica. À quelques dizaines de mètres au-dessus de nos têtes, Gilman's Point, le premier sommet du Kilimandjaro. Nous sommes si proches, à quelques poussées seulement de notre rêve. Atteindre Uhuru Peak semble désormais impossible, mais Gilman's Point reste l'un des sommets du toit de l'Afrique, et nous y sommes. Presque. Encore quelques efforts.

15 heures. Cela fait deux heures que nous sommes entrés dans Jamaica. Deux heures, et nous n'avons progressé que de quelques mètres. Le sable emprisonne les chevilles des porteurs qui poussent de toutes leurs forces pour gravir les rochers avec le fauteuil, leur faisant perdre l'équilibre. Chaque glissade, chaque effort vain vient ajouter à la fatigue accumulée par l'équipe. À plusieurs reprises, la chute est proche, mais Pierre parvient à se rattraper in extremis. Au cœur de cet enchevêtrement de roches, il faut guetter, identifier le meilleur chemin, essayer, puis faire demi-tour pour en choisir un autre. Alors que la nuit approche et que les nuages se resserrent autour de notre expédition, nous sommes contraints de faire une pause. Manger, puis essayer de repartir. Il faut se rendre à l'évidence : le fauteuil de Pierre est trop large et trop lourd pour passer dans les rochers, sur la voie que nous avons choisie. L'équipe propose à Pierre un brancard de fortune, confectionné avec des sacs à dos, pour franchir cet obstacle particulièrement compliqué. Une tentative suffit à nous renseigner sur la dangerosité d'une telle solution : un porteur glisse dans le sable et la tête de Pierre frôle un rocher. C'est le signal que saisit Cécile pour prendre la parole : on ne doit pas continuer, le danger est trop grand pour Pierre, et pour ceux qui le portent. Quelques mètres de plus n'en valent pas la peine.

« Ici, ton assurance s'appelle Fais Attention. »

Accrochés à cette pente vertigineuse, plantés en équilibre sur les rochers, nous avons la sensation que le temps s'est arrêté. La fatigue, l'altitude et la perspective d'abandonner ce rêve si proche ont créé en nous un état de sidération. Les émotions se mêlent, inextricables, dans le brouhaha des voix qui protestent autour de nous en swahili.

« Si on fait demi-tour maintenant, on aura fait tout ça pour rien. » Cette phrase prononcée par Abeid nous crève le cœur. En une fraction de seconde, nous comprenons. Que ce projet, ce rêve dont nous nous sentions coupables en début d'aventure, était devenu le leur, le nôtre, à tous. Aucun de ceux qui ont contribué à nous faire monter jusque-là ne veut se résoudre à abandonner. Pas maintenant. Pas si près du but.

Les larmes qui coulent sur notre visage nous serrent la gorge, nous plongeant dans le silence et contenant dans notre poitrine brûlante les mots que nous refusons de prononcer. Nous avons une confiance infinie en Abeid. Sa force tranquille et son optimisme ont été nos guides pendant toute l'ascension, et ses paroles ont toujours su balayer nos doutes. Mais voilà, nous sommes au début de la saison. Si l'un des porteurs se blesse en essayant d'aller plus loin, c'est son revenu de l'année qui s'envole. Abeid nous l'a dit quelques jours plus tôt : « Ici, ton assurance s'appelle Fais Attention. » Et si Pierre se blesse… Le sommet vaut-il de mettre en danger notre sécurité, et plus encore celle de nos compagnons d'aventure ?

La colère, la frustration et une immense tristesse fusent tour à tour en nous et nous submergent. L'espoir qui s'y mêlait quelques minutes plus tôt s'éteint lentement, alors que nous réalisons que nous n'avons pas le choix. À l'approche de la nuit, nous n'avons pas le droit d'imposer ce risque pour quelques dizaines de mètres, aussi symboliques soient-ils. À 5 566 mètres d'altitude, il faut nous faire violence pour aller puiser au fond de nous la force de prononcer ces quelques mots qui sonnent comme une sentence : « On ne veut pas prendre ce risque. Il vaut mieux faire demi-tour. » Le visage défait, les joues trempées de larmes, nous jetons un dernier regard sur le sommet avant d'amorcer la descente, hagards.

5 566 mètres. Faire demi-tour à cette altitude a été la décision la plus difficile de notre vie. La condamnation d'un rêve, préparé minutieusement et avec toute notre énergie pendant deux ans. Et pourtant… il y a toujours plusieurs versions à une histoire. Ou plusieurs prismes pour l'analyser. Là où nous ne ressentions que l'échec et la déception de ne pas avoir atteint notre objectif, nous gardons aujourd'hui en mémoire une histoire bien différente. Une aventure humaine extraordinaire. Des efforts galvanisants. Des émotions intenses. De magnifiques rencontres, et des paysages à couper le souffle… sans oublier la fierté d'être arrivés jusque-là. Le processus a été long. Les émotions négatives sont tenaces. Mais en prenant du recul, force est de constater que le symbole importait moins, beaucoup moins que le vécu. L'ascension du Kilimandjaro restera l'une des plus belles aventures que nous ayons vécues. Et si c'était à refaire, avec le même résultat ? On y retournerait les yeux fermés.

UN VOYAGE

FONDATEUR

Les parcs de l'Ouest américain

4 juin 2018. À quelques mètres en dessous de nous, une épaisse forêt de conifères défile à grande vitesse. Alors que la falaise se dessine au loin, nous avons les yeux rivés au-dehors. Le front collé à la vitre, nous sommes impatients de voir de nos yeux ces paysages tant attendus. Dans nos casques, le pilote a arrêté de parler et une musique se fait entendre, de plus en plus forte. On échange un regard amusé quand on reconnaît les premières notes de « Fly Away », de Lenny Kravitz. La musique s'intensifie à mesure que la falaise se rapproche. Nous n'en sommes plus qu'à quelques mètres. Nous retenons notre souffle, nos mains se rejoignent…
et c'est le grand saut.

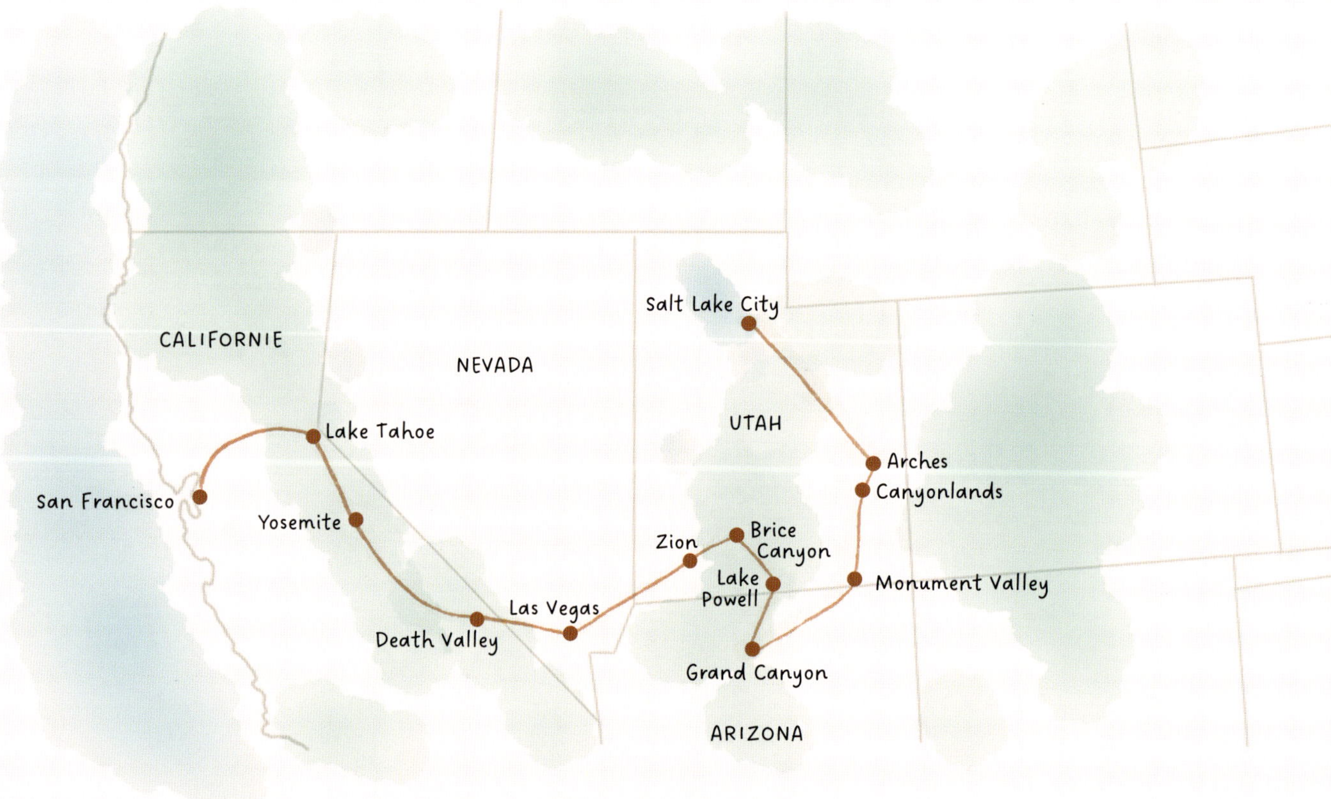

3 SEMAINES D'ÉVASION
DANS LA MAJESTÉ DES GRANDS PARCS

Un rendez-vous manqué

30 août 2017. Notre premier voyage lointain nous fait l'effet d'un échec cuisant. Nous venons de passer trois semaines au Québec et nous sommes exténués, physiquement et moralement. Cette région du Canada rassemble sur le papier tout ce qui nous fait rêver dans une destination : des paysages sauvages, de grands espaces, des hôtes accueillants... Tout cela annonce de belles rencontres et de belles découvertes. Sans compter que c'est la première fois que nous repartons pour un grand voyage depuis 2015 : nous avons enfin osé sauter le pas, malgré la peur. Peur de ne pas trouver ce qu'il nous fallait pour être à l'aise sur place. Peur que le fauteuil soit abîmé dans l'avion ou pendant le voyage. Toutes ces peurs qui font qu'on hésite à partir de chez soi quand on est en fauteuil, nous avons décidé de les mettre de côté, pour voir ce qui serait possible. Pourtant, nous terminons ce voyage sur une note amère. Au-delà du trop-plein de matériel et de la fatigue que sa manutention quotidienne a entraînée, nous ressentons surtout une profonde frustration. La nature était bien là, à portée de main, mais nous n'avons pas pu en profiter pleinement. Convaincus que les seuls endroits qui nous étaient accessibles se situaient en ville ou sur des surfaces bétonnées, nous n'avons pas su trouver le courage de nous aventurer vraiment hors des zones urbaines. Nous avons l'impression d'avoir manqué un rendez-vous. Frustrés, déçus. En colère, un peu. Malgré de très belles découvertes, on ne peut s'empêcher d'imaginer ce à quoi ce voyage aurait ressemblé s'il en avait été autrement... Ça fait moins de deux ans que Pierre est en fauteuil, et nous apprenons encore à nous familiariser avec cette nouvelle vie, et les contraintes qu'elle induit.

La route noire serpente entre les roches orange du parc national d'Arches, dans l'Utah.

29 mai 2018. Des étoiles encore plein les yeux, on arrive dans la salle d'embarquement. On lève la tête : l'avion est à l'heure, on ne va pas tarder à partir. Nous sommes tellement impatients ! Trois jours plus tôt, nous nous sommes mariés, sous le soleil de Provence, entourés de nos proches. La fête était belle, chargée d'émotions. On n'est pas encore vraiment descendus de ce shoot de bien-être que leur présence nous a procuré, mais on se place progressivement dans la perspective d'une nouvelle aventure, à deux. Aujourd'hui, on part en voyage de noces. Direction les parcs de l'Ouest américain.

Révélation

En novembre, Pierre est parti une semaine à Marrakech avec l'association Comme les Autres, qui accompagne dans leur reconstruction celles et ceux qu'un accident a laissés handicapés moteur. Au programme : tyrolienne, tennis, tir à l'arc, kayak... autant d'activités qui ne nous semblaient plus vraiment possibles, avec des personnes dont l'expérience ouvre de nouvelles perspectives, sur la manière de résoudre certains problèmes et aussi sur les possibilités, au-delà des perceptions limitantes, de « la vie en fauteuil ». Ce séjour est une révélation. Il ravive notre soif de découvertes, après notre rendez-vous manqué de l'été. Puisque tant de choses semblent possibles, nous voulons expérimenter. L'accessibilité, pour ne pas s'épuiser, et l'immersion en pleine nature sont les deux critères qui définissent notre choix de destination pour ce voyage un peu particulier.

Après la tempête

Les États-Unis sont réputés pour leur accessibilité : nous avons confiance dans l'adaptation des infrastructures pour nous permettre de trouver de vrais temps de repos et sommes impatients d'utiliser notre énergie à bon escient pour découvrir les paysages mythiques de cette région. Notre itinéraire de trois semaines nous amènera de Salt Lake City à San Francisco. Un road trip de près de 4 000 kilomètres, à travers quatre États.

Dès les premières recherches, nous sommes confortés dans notre choix par la simplicité de réservation de chambres accessibles : chaque site permet de trouver immédiatement la chambre adaptée aux besoins de Pierre, photos à l'appui... et de la réserver en ligne ! Cette facilité nous fait gagner un temps fou et nous allège d'un énorme poids. Au moins, on sait à quoi s'attendre à l'arrivée dans nos hébergements : on pourra vraiment se reposer entre nos journées sur la route, et Pierre sera complètement autonome grâce aux aménagements disponibles.

PRENDRE L'AVION EN FAUTEUIL

Voyager en avion quand on est en fauteuil roulant peut générer de nombreuses appréhensions. On quitte son fauteuil pour une assise prolongée sur un siège étroit et rigide ; on craint que le fauteuil soit abîmé en soute ; on redoute aussi les difficultés pour accéder aux toilettes à bord… Bref, les inquiétudes sont bien réelles – et parfois malheureusement justifiées.

Mais, bonne nouvelle : aujourd'hui, dans la majorité des aéroports, il est tout à fait possible de prendre l'avion quand on a une mobilité réduite. De nombreuses compagnies aériennes proposent des services d'assistance pour vous accompagner à chaque étape, depuis l'arrivée à l'aéroport jusqu'à votre installation à bord. Et si vous voyagez en Europe, la loi est de votre côté : un règlement européen garantit à toutes les personnes à mobilité réduite un droit à l'assistance gratuite, que ce soit dans les aéroports ou dans les avions des compagnies européennes.

Comment ça se passe concrètement ? C'est là que les choses se compliquent un peu : entre les aéroports, les compagnies, leurs sous-traitants, les bagagistes, les équipages, beaucoup d'acteurs interviennent, et chacun a son rôle. Tout dépend aussi des équipements disponibles dans l'aéroport, de la taille de l'avion, de sa configuration… En résumé : chaque voyage est un peu différent.

Afin de vous aider à y voir plus clair, voici quelques repères pour mieux comprendre comment ça fonctionne et pour voyager plus sereinement.

RÉSERVER SON VOL

Chaque compagnie aérienne fonctionne un peu différemment, mais la plupart permettent aujourd'hui de signaler un besoin d'assistance directement au moment de la réservation. En général, il suffit de cocher une case du type « Passager à mobilité réduite » ou « Voyageur en fauteuil roulant » sur leur site. Ensuite, on vous demandera des précisions : avez-vous besoin d'aide pour vous déplacer dans l'aéroport ? jusqu'à votre siège dans l'avion ? Utilisez-vous un fauteuil électrique ou manuel ? Ces informations peuvent être données en ligne ou par téléphone, selon les compagnies. Dans tous les cas, il est important de réserver au moins quarante-huit heures avant le départ pour que l'assistance soit garantie.

Voici quelques points importants à avoir en tête avant de réserver vos billets.

- FAUTEUILS ÉLECTRIQUES ET BATTERIES
  Le transport des batteries est très légalement encadré. Chaque compagnie a ensuite ses politiques spécifiques, donc il est indispensable de vérifier à l'avance sur le site de la compagnie que les batteries de votre fauteuil (ou de votre assistance électrique) sont autorisées à bord. Sinon, l'embarquement peut être refusé. Le jour J, prévoyez tous les documents utiles : fiche technique de la batterie, attestation du fabricant, etc. Le plus souvent, les batteries doivent voyager en cabine.
- VOYAGER SEUL(E)
  Si vous avez besoin d'aide pour attacher votre ceinture, aller aux toilettes ou vous alimenter, certaines compagnies peuvent exiger la présence d'un accompagnant. D'autres l'imposent systématiquement. Renseignez-vous bien à l'avance pour éviter les mauvaises surprises.

- ATTENTION AUX ESCALES
  Les vols avec escale peuvent vite devenir plus compliqués : nouveaux transferts, attente prolongée sans votre fauteuil personnel qui suit le parcours des autres bagages, risques accrus de perte ou de casse... Si vous le pouvez, privilégiez les vols directs.

À VOTRE ARRIVÉE À L'AÉROPORT

L'idéal est d'arriver à l'aéroport au moins deux heures avant le départ, voire un peu plus si c'est un vol international. Une fois sur place, deux options s'offrent à vous :

- soit vous allez directement au point d'accueil de l'assistance, souvent situé à l'entrée du hall. Vous y serez pris en charge rapidement si vous avez besoin d'aide pour vous déplacer dans l'aéroport (certains aéroports proposent même des bornes d'appel dans les parkings, pour que l'assistance vous y retrouve directement) ;
- soit vous vous présentez directement au comptoir d'enregistrement de votre compagnie, où vous pouvez aussi demander l'assistance.

Si vous voyagez avec votre propre fauteuil, il sera enregistré comme un bagage particulier. Le personnel au sol vous posera quelques questions pratiques : est-il pliable ? Électrique ou manuel ? Combien pèse-t-il ? Y a-t-il des batteries ? Toutes ces infos permettent d'organiser son transport en soute dans les meilleures conditions.

Bon à savoir : pour tous les vols partant de l'Union européenne, et ce de manière gratuite, les compagnies sont obligées de vous permettre de voyager avec votre équipement médical (type médicaments, coussin anti-escarres, planche de transfert, etc.) ainsi qu'avec deux équipements de mobilité maximum (fauteuil de douche, de sport, roue électrique, etc.). Renseignez-vous au moment de la réservation ou sur le site de la compagnie.

REJOINDRE L'AVION

Selon vos besoins, vous pouvez demander à être accompagné(e) par l'assistance dès l'enregistrement, ou plus tard, une fois arrivé(e) à la porte d'embarquement. Seule exception : si les cheminements dans l'aéroport ne permettent pas de circuler de manière autonome (ascenseurs sécurisés par des clés, transport inter-terminaux...), l'assistance débutera obligatoirement au guichet d'enregistrement.

Dans de nombreux cas, il est possible de rester dans son propre fauteuil jusqu'à la porte de l'avion. Cela dépend toutefois des infrastructures de l'aéroport et des moyens techniques disponibles pour acheminer le fauteuil en soute depuis l'avion. N'hésitez pas à le demander pour vous assurer de conserver votre fauteuil le plus longtemps possible et de limiter sa manipulation par des tiers.

Que vous soyez accompagné(e) ou non par l'assistance, vous avez accès aux files prioritaires pour rejoindre votre porte d'embarquement. Lors du passage des contrôles de sécurité, vous ne serez pas invité(e) à franchir les portiques habituels : une fouille manuelle sera réalisée, à la fois pour vous et pour votre fauteuil, par les agents de sécurité.

Enfin, les passagers à mobilité réduite embarquent en général avant les autres. Il est donc important d'être présent(e) à la porte avant le début de l'embarquement afin que l'assistance puisse vous accompagner dans les meilleures conditions.

EMBARQUER

À l'arrivée à la porte de l'avion, les passagers qui ne peuvent pas marcher jusqu'à leur siège doivent effectuer un transfert vers une chaise spécialement conçue pour l'embarquement. Cette chaise, plus étroite qu'un fauteuil classique, est prévue pour circuler dans les allées étroites de l'avion. Le transfert peut

Grand Canyon, Arches, Canyonlands : on profite de nombreux points de vue accessibles pour s'immerger dans les paysages grandioses.

La spontanéité !

Dès les premiers jours sur place, notre ressenti se confirme. Dans les hôtels, mais aussi – et surtout – dans les parcs, en pleine nature. Dans le parc d'Arches, puis à Monument Valley, nous goûtons au bonheur d'emprunter les chemins de terre pour plonger dans les paysages rouge et ocre de cette région désertique. Tout n'est pas accessible, mais tant de choses sont possibles… Et on connaît avant de partir les endroits où aller pour profiter au maximum des sites : toutes les informations sont disponibles facilement en ligne, ou à l'entrée des parcs. Pendant nos escales, aucun stress, les restaurants sont presque tous accessibles. Pas besoin de mener des recherches élaborées et chronophages : on se pointe, et on sait déjà que ce sera simple.

On se sent bien petits face à l'imposante Monument Valley, qui s'étale devant nos yeux.

Pendant ces premiers jours de voyage, on renoue avec une notion qu'on avait presque oubliée : la spontanéité. Un concept clairement sous-coté, dont l'importance nous saute au visage lorsqu'on n'en bénéficie plus. Se rendre quelque part quand on est en fauteuil, c'est oublier les guides de voyage, qui ne parlent pas du sujet. Perdre des heures de recherches en ligne, pour ne rien trouver. Passer un, deux, dix coups de fil et tomber sur des gens qui « ne sont pas sûrs » ou « n'ont rien à nous proposer ». Réfléchir au transport qu'on va pouvoir prendre, et souvent devoir le réserver très

se faire de manière autonome ou avec l'aide du personnel d'assistance.

Une fois ce transfert effectué, votre fauteuil est confié aux agents de manutention, qui l'acheminent en soute. Il est transporté dans un espace dédié, séparé des bagages classiques, afin de limiter les risques de détérioration.

Dans certains cas particuliers, notamment pour les fauteuils pliants de petite taille, il est parfois possible de les emporter en cabine. Ce n'est toutefois pas la norme, et cela dépend des dimensions du fauteuil ainsi que des règles spécifiques à la compagnie aérienne.

PENDANT LE VOL

Si vous avez besoin d'accéder aux toilettes, il est nécessaire de faire appel à l'équipage. Ce sont les membres du personnel qui apporteront la chaise de bord et effectueront la manœuvre, car elle ne peut pas être utilisée de manière autonome.

Pendant le vol, il est conseillé d'informer l'équipage que vous souhaitez récupérer votre fauteuil personnel dès la sortie de l'avion. Cette demande ne sera pas systématiquement acceptée, car les procédures varient selon les aéroports. Toutefois, le commandant de bord peut adresser une demande spécifique pour que votre fauteuil ne soit pas envoyé avec les bagages classiques, ce qui augmente les chances qu'il vous soit remis à la porte de l'appareil à l'arrivée.

À L'ARRIVÉE

À l'atterrissage, les passagers à mobilité réduite sont les derniers à quitter l'avion. Il faut patienter quelques instants, le temps que l'équipe d'assistance de l'aéroport arrive pour assurer la prise en charge.

Si votre fauteuil personnel a été ramené à la porte de l'avion, vous pourrez vous y transférer une fois que les agents vous auront signalé sa présence. Il est fortement recommandé de vérifier son état général avant de l'utiliser : fonctionnement des roues, des freins, éventuelles pièces manquantes ou endommagées. Selon vos besoins, vous pouvez ensuite choisir de continuer avec ou sans assistance. Celle-ci peut vous accompagner jusqu'au tapis à bagages, puis jusqu'à la sortie de l'aéroport.

EN CAS DE DOMMAGES : FAIRE UNE RÉCLAMATION

Si votre fauteuil a été endommagé pendant le transport, la compagnie aérienne en est responsable. Il est important d'agir rapidement pour faire valoir vos droits.

Deux possibilités s'offrent à vous pour déposer une réclamation :

- vous pouvez vous rendre au guichet de la compagnie aérienne dans l'aéroport, généralement situé dans la zone d'arrivée. Un constat des dommages y sera établi, et un formulaire de réclamation vous sera proposé ;
- vous pouvez également effectuer la démarche en ligne, sur le site Internet de la compagnie. La procédure varie selon les transporteurs, mais elle nécessite en général les mêmes documents justificatifs.

Dans tous les cas, il est essentiel de conserver votre carte d'embarquement ainsi que les étiquettes des bagages apposées lors de l'enregistrement. Pensez également à photographier le fauteuil endommagé dès que possible. Les photos doivent être claires, montrer les dégâts de manière précise, et si possible comporter un repère visuel permettant d'identifier le lieu (par exemple, le logo ou le nom de l'aéroport de destination en arrière-plan).

Ces éléments faciliteront le traitement de votre dossier et renforceront la recevabilité de votre réclamation.

en avance. Se pointer sur place sans savoir si, cette fois-ci, on aura eu la bonne information. Avoir envie de hurler parfois, quand malgré ce qu'on nous a dit, l'entrée ou les WC ne sont pas accessibles. Et avoir peur, de plus en plus, à mesure que les mauvaises expériences s'accumulent. La charge mentale est phénoménale. Pas seulement en voyage, mais aussi au quotidien. Alors quand on arrive dans un pays où presque tout est accessible et où l'information est disponible… le soulagement est à la hauteur de la violence des défis qu'on subit ailleurs.

Apaisement

Plus de temps perdu à chercher, de peur, de frustrations. Fini le sentiment de ne pas être les bienvenus. Tout n'est pas parfait, mais l'essentiel est là. Jour après jour, on se délecte de ce calme inespéré après la tempête de ces trois premières années. On s'abreuve de la sérénité de l'instant à mesure que nos batteries physiques et morales se rechargent… Tout semble s'apaiser. On souffle enfin.

Au-dessus du vide

Vivre aussi intensément qu'avant

4 juin 2018. Semblant se dérober sous nos pieds, le plateau disparaît en une fraction de seconde et laisse place à 1 500 mètres de vide en dessous de nous. Le canyon, faille d'une profondeur vertigineuse pavée de roches ocre et rouge, lessivées par les siècles et les éléments, s'étend sous nos yeux. Cette merveille naturelle est l'une des plus belles choses que nous ayons vues. On a le souffle coupé. Nos mains se serrent plus fort, les larmes nous montent aux yeux. Cela fait des mois, des années que nous n'avions pas ressenti une sensation de liberté aussi intense. On se laisse envahir par cette vague d'émotions et on se délecte de chaque seconde, quand la raison de cette intensité nous frappe comme un coup à l'estomac : depuis les attentats, nous étions convaincus de ne plus jamais pouvoir ressentir cette liberté en voyageant. Sans vraiment nous en rendre compte, nous avions fait une croix sur cette soif de sensations extraordinaires, pourtant si profondément ancrée dans nos caractères. Nous ne nous pensions plus capables de vivre aussi intensément qu'avant. Et nous avions tort.

À droite. On explore Bodie en Californie, ancienne cité minière devenue ville fantôme.

Nous voulons plus

Amateurs de randonnées, nous rêvions de parcourir le Grand Canyon à pied. Mais les chemins étroits et raides, à flanc de falaises, ne nous laissent pas le loisir d'essayer : ils sont parfaitement impraticables, c'est sans appel. Le long du canyon, un chemin bétonné permet d'avoir une vue globale sur le site. Une première approche, mais nous voulons plus. Nous voulons nous immerger à nouveau, nous plonger pleinement dans ces paysages grandioses. Si ça ne peut pas être à pied… ce sera en volant !

Réveil en douceur
au bord du lac Powell.

Ne pas se laisser décourager

On ne sait pas si on pourra monter à bord de l'hélicoptère. La compagnie qui propose les vols nous a plutôt dissuadés de venir, indiquant que les pilotes n'auront pas le droit de nous aider à embarquer. Question d'assurance – ils ne veulent pas prendre le risque d'une chute au moment du transfert. Au vu des photos, on sait que la hauteur des sièges posera un problème si on essaie de s'installer seuls : l'assise se trouve à un mètre vingt du sol, au minimum... La frustration du Canada nous revient en mémoire, comme une brûlure persistante. On refuse de se laisser décourager. On y tient, à cette

expérience. Le Grand Canyon, on n'ira qu'une fois : on réserve, et on verra sur place. La peur nous saisit aux tripes alors que l'heure du vol approche. A-t-on bien fait de prendre ce risque ? Impossible de demander un remboursement s'ils ne nous laissent pas monter, on était prévenus… Les vols sont chers, on espère qu'on ne s'est pas trompés. Mais lors de notre arrivée à l'héliport, personne ne semble surpris de nous voir. On passe l'accueil, puis le brief de sécurité, attendant que quelqu'un vienne nous interdire d'aller plus loin. Sur le tarmac, deux pilotes discutent, accoudés à leur machine rouge vif. « On vous aide à monter ? » On n'en croit pas nos oreilles : c'est gagné !

Double page suivante.
La diversité des parcs de cette région est impressionnante… On est reconnaissants de pouvoir profiter pleinement de chaque étape.

CINQ CONSEILS POUR HANDI-VOYAGEUR DÉBUTANT

Voyager en fauteuil, ça peut être beaucoup de choses : du stress, de la frustration, de la fatigue... Mais ça peut surtout être une expérience incroyable, à condition d'anticiper quelques petites choses ! Voici quelques conseils qui vous aideront à profiter à fond si vous manquez d'expérience pour voyager en fauteuil.

1. MINIMISEZ LES RISQUES DE FRUSTRATION

Les risques de frustration sont réels quand on voyage en fauteuil, avec deux causes principales :

- le choix par défaut : l'accessibilité est trop souvent le seul critère déterminant pour choisir son lieu de vacances quand on est en fauteuil. Les choix sont limités, et on peut parfois être déçu(e) d'avoir choisi une destination « par sécurité » au lieu de vivre les vacances dont on rêvait vraiment ;

- le manque d'accessibilité, ou le revers de la médaille. Si on choisit une destination pour autre chose que son accessibilité, on peut être confronté(e)... au fait qu'elle en manque. Voyager demande du temps, et un budget : on n'a pas envie de se retrouver bloqué(e) et de ne rien pouvoir faire une fois sur place.

Profiter de son voyage l'esprit serein exige surtout de trouver un équilibre entre choisir une destination qui vous fait rêver et les activités que vous avez vraiment envie de faire. Mais il faut aussi être capable d'évaluer les efforts que cette destination va vous demander et votre capacité à les fournir.

Voyager en fauteuil s'apprend. C'est en expérimentant que vous trouverez des solutions pour faire face aux différents problèmes que vous pourrez rencontrer loin de chez vous. L'astuce consiste à y aller progressivement, afin de ne pas créer d'expérience traumatisante. Pour vos premiers voyages, privilégiez des destinations globalement accessibles.

Si le quotidien est simple, vous aurez ainsi l'énergie nécessaire pour vous confronter à des environnements un peu plus challengeants si vous le souhaitez. Vous pourrez ainsi gagner en expérience sereinement, et planifier vos prochaines vacances avec une meilleurs connaissance de vous-même et de vos capacités.

2. FIXEZ VOS PRIORITÉS

Pour profiter pleinement de votre séjour, il faut pouvoir optimiser deux choses : sa tranquillité d'esprit et ses capacités physiques. Nous sommes tous différents : chacun a ses contraintes, ses moteurs, ses envies et ses craintes. Alors, pour y arriver, on vous recommande d'identifier ce qui est vraiment important pour vous, et de l'anticiper pour vous assurer que vous en disposerez pendant votre voyage.

Pour nous, c'est le logement. On veut une chambre et une salle de bains à peu près accessibles pour pouvoir souffler le soir. En réservant nos hébergements à l'avance, on sécurise ce paramètre. On est moins flexibles sur l'itinéraire une fois les réservations faites, mais on gagne en sérénité et en énergie pour faire face aux éventuels imprévus de la journée.

3. VOYAGEZ AVEC DES COÉQUIPIERS, OU N'HÉSITEZ PAS À DEMANDER DE L'AIDE

Voyager avec des coéquipiers vous mènera toujours plus loin. Franchir une marche plus haute, un escalier, se lancer sur des chemins plus raides ou des randonnées plus longues... Être accompagné(e) par une ou plusieurs personnes, peut changer le visage d'une aventure... et en faire une réussite collective.

Si vous préférez voyager seul(e), n'hésitez pas à demander un coup de main aux personnes que vous croisez sur place : après plusieurs années de voyage aux quatre coins du monde, on vous confirme que personne ne refuse d'aider quand c'est demandé poliment !

4 COMMUNIQUEZ CLAIREMENT SUR VOS BESOINS

Chacun a ses contraintes et ses habitudes. Lorsque vous avez besoin d'un coup de pouce, vous seul(e) pouvez savoir ce qu'il vous faut, et les gens ne savent pas toujours comment s'y prendre pour vous aider au mieux. Pour éviter les maladresses ou les mauvaises surprises, n'hésitez pas à communiquer clairement sur vos besoins spécifiques et/ou sur les façons dont on peut vous aider. Beaucoup de choses peuvent être faites pour améliorer votre expérience de voyage et les gens sont souvent plus qu'heureux de vous aider à le faire : faites-leur savoir comment !

5. REPOSEZ-VOUS

Voyager en fauteuil peut être fatigant. Contrairement aux personnes marchantes, tous les efforts que vous faites sont concentrés sur le haut de votre corps. Lorsque certaines personnes peuvent enchaîner du kayak le matin et de la randonnée l'après-midi, une pause conséquente peut être nécessaire pour vous entre ces deux activités.

Donner à vos bras et à vos épaules un peu de temps pour se reposer entre deux efforts importants est un bon moyen de vous assurer que vous ne vous blessez pas et que votre voyage dure longtemps : tenez-en compte dans votre planning !

Changer de perspective

Quand on y regarde de plus près, nous n'avons pas fait grand-chose. Mais on a l'impression d'avoir réalisé l'impossible. Cette prise de conscience nous emplit d'un bonheur sans nom : on avait tort. Un nouvel espoir s'est allumé en nous, inextinguible : si nous avons pu vivre cette expérience, en contournant l'obstacle de l'inaccessibilité, rien ne nous empêchera d'en mener d'autres ailleurs. En réalité, les premières limites qui nous empêchent de vivre, ce sont celles que l'on s'impose. Et ça change tout. Parce que, si on ne peut pas changer les obstacles qui se dresseront sur notre chemin, on peut changer notre manière de les aborder. On peut changer notre état d'esprit. Et décider d'essayer. Tous les deux. Par tous les moyens.

Un bonheur sans nom

En descendant de l'appareil, on se sent changés. Comme si ce moment magique vécu à deux avait ouvert une nouvelle page de notre voyage. Les jours suivants, nous mettons toute notre énergie à tenter d'entretenir l'intensité ressentie au Grand Canyon. Nous avons une soif inextinguible de découvertes, de défis. Chaque nouveau parc est une occasion de tester nos limites, et nous ne reculons devant aucun obstacle. On vit notre plus beau lever de soleil sur les Hoodoos de Bryce Canyon, malgré la raideur des pentes du parc. La lumière qui éclate sur les formations rocheuses vaut bien les efforts qu'on fournit pour atteindre les points de vue. À Yosemite, on respire à pleins poumons l'air des montagnes, Myriam à vélo, Pierre avec sa roue électrique, le long de la route qui serpente entre arbres millénaires et cascades majestueuses. Chaque nouvelle expérience, même la plus simple, nous apporte un bonheur sans nom.

On a l'impression d'être libérés d'un poids immense et, pour la première fois depuis trois ans, notre horizon nous semble éclatant, libre de tout nuage, de tout questionnement. Nous ne voulons plus nous contenter de ce qui a été rendu accessible : nous voulons aller plus loin, repousser ces barrières qui nous entravent... ne rien regretter.

Libres

16 juin 2018. Notre voyage touche à sa fin. Sur la banquette de notre chambre d'hôtel à San Francisco, nos bagages s'entassent, prêts pour le départ. On n'a pas envie de rentrer. Le Grand Canyon, c'était il y a dix jours à peine. Dix jours où on s'est sentis vivants comme jamais : c'est trop court, on ne veut pas s'arrêter là. On se sent regonflés à bloc, remplis d'une énergie nouvelle, et on a envie de se confronter à plus de paysages féériques, plus de terrains accidentés, plus d'impossibles... pour continuer à nous prouver qu'ils le sont de moins en moins. Pierre est en train de ranger ses dernières affaires dans son sac à dos. « C'était ouf ce voyage, non ? » On se sourit, il hoche la tête. « Ce serait cool qu'on continue, non » ? Il se met à rire : « C'est sûr qu'on prolongerait bien un peu ! Pas très envie de retourner bosser, là... »
On ne veut pas prolonger nos vacances. On veut vivre, à nouveau. Aller au bout de cet espoir qui nous habite, qui ouvre de nouvelles perspectives sur notre avenir. On parle souvent de la vingtaine comme de merveilleuses années ; le moins que l'on puisse dire, c'est qu'on a perdu un peu de temps sur la nôtre. Ces mois à l'hôpital, ces années de doute, cette liberté de mouvement entravée, personne ne nous les rendra. On veut rattraper le temps perdu. Vivre, intensément. Vibrer.

« Ça ne te dirait pas qu'on parte en tour du monde tous les deux ? »

PRENDRE SES

MARQUES

100 jours en Amérique du Sud

13 septembre 2019. Une bruine légère tombe par ondées sur les pierres millénaires, rendant le sol glissant, et enveloppant de nuages les montagnes environnantes. Nos trois compagnons du jour redoublent d'attention pour maintenir la joëlette droite, et Pierre avec. Cette chaise à porteurs sur roue était le seul moyen pour nous d'accéder au site, les fauteuils roulants étant interdits ici. Nous avons accepté de l'utiliser sans hésiter malgré l'autonomie limitée qu'elle laisse à Pierre. Cette fois, ça vaut le coup.

Alors qu'on pénètre dans un tunnel étroit formé par d'imposants blocs de granit, notre guide nous demande de fermer les yeux. Quelques mètres à tâtons, puis on les ouvre de nouveau, et notre cœur loupe un battement. Devant nous s'étale le Machu Picchu, la mythique cité inca aux centaines de marches. Majestueuse, parfaitement inaccessible… Et pourtant, nous la contemplons de nos propres yeux, perchés sur l'esplanade qui nous offre une vue à 180 degrés. Le spectacle est saisissant.

TROIS MOIS DE BONHEUR EN AMÉRIQUE DU SUD

Une nouvelle mission

2 septembre 2019. La nuit a été courte. L'heure est avancée quand on termine de vérifier que tout est prêt, et nos yeux sont déjà grand ouverts quand le réveil sonne, à 5 heures du matin. Cela fait à peine plus d'un an que nous sommes rentrés des États-Unis. Un an que nous travaillons le jour dans nos boulots respectifs, et la nuit sur ce projet fou qui nous obsède. La création du média, l'itinéraire et la logistique, la recherche de partenaires… On a mis toute notre énergie dans « Wheeled World », pour parvenir à ce moment : aujourd'hui, on part en tour du monde. Il y a quatre ans, Pierre devenait paraplégique et notre vie basculait dans l'inconnu le plus total. L'écart est vertigineux, et nous sommes loin d'imaginer à quel point il va se creuser dans les mois, les années à venir.

Ce projet, ce n'est pas un « simple » tour du monde. C'est une mission. D'abord la peur de partir, puis les galères lors de nos premiers voyages, et enfin nos aventures libératrices dans les parcs de l'Ouest américain ont ancré en nous cette conviction : on peut vivre intensément en fauteuil roulant, contrairement à ce que l'on pensait au départ. Et contrairement à ce que semblent souvent penser les autres. « Ha, mais alors tu ne pourras plus… » est la phrase que nous avons le plus entendue – ou l'idée que nous avons le plus souvent perçue – dans les premiers mois de notre nouvelle vie. Oui, on peut continuer à partir à l'aventure, à vibrer, à s'immerger en pleine nature. Différemment, c'est vrai.

Culminant
à 4 300 mètres,
El Hornocal étale
ses 14 couleurs sous
le soleil argentin.

Ça demande quelques adaptations. Encore faut-il savoir où aller, et comment. En créant « Wheeled World », on s'est fixé un objectif : combattre les limites physiques et psychologiques qui entravent les voyageurs en fauteuil, pour rendre l'aventure accessible à tous. On expérimente, puis on transmet ce qu'on a appris via notre blog et nos réseaux. C'est à ce projet qu'on consacre tout notre temps libre, pour qu'il offre un maximum de possibilités à d'autres voyageurs qui se retrouvent dans notre situation. On partira quatorze mois, à travers quinze pays, et quatre continents. Première étape : cent jours en Amérique du Sud, sur plus de 10 000 kilomètres à travers le Pérou, la Bolivie, le Chili, l'Argentine et le Brésil.

Premiers pas

27 septembre 2019. On est exténués. Tellement heureux, mais si fatigués. À peine plus de trois semaines entre le Pérou et la Bolivie auront eu raison de nos forces : on a peut-être sous-estimé l'exigence physique et mentale d'une telle aventure. Pour la première fois, on se pose quelques jours au même endroit, à San Pedro de Atacama. Un répit bienvenu après ces dernières semaines, qui ont été d'une intensité démesurée. Partis de Lima, nous avons longé la côte péruvienne avant de remonter dans les montagnes en direction de Cuzco. Puis route vers l'est pour traverser la frontière bolivienne, La Paz,

et enfin le salar d'Uyuni. Quatorze étapes en moins d'un mois. Nos têtes explosent déjà des souvenirs qui tourbillonnent à pleine vitesse : depuis notre départ, on a nagé avec des otaries au large de Lima. Surfé dans des dunes de sable. Survolé les lignes de Nazca. Gravi les marches du Machu Picchu. Navigué à la rencontre des Uros sur le lac Titicaca. Bataillé dans les pentes vertigineuses de La Paz, à 4 000 mètres d'altitude. Traversé un désert de sel. Écourté nos nuits pour profiter au maximum des levers de soleil. On a passé deux frontières, et dépassé mille peurs. Ce matin encore, nous sommes partis à cheval pour explorer la région, et Pierre a fait une chute spectaculaire, en vol plané au-dessus de l'encolure. Plus de peur que de mal, heureusement, mais les émotions sont encore bien présentes : on l'a échappé belle.

Seuls au monde dans la Quebrada de las Conchas, on profite de ce sentiment de liberté absolue.

Trouver des solutions

Le sentiment de liberté retrouvée nous submerge, on s'y noierait presque. On s'enivre de cet enchaînement d'expériences, toutes plus extraordinaires les unes que les autres. Shootés à la dopamine, accros à cette nouvelle vie. Pourtant, rien n'est accessible. Pour tout, tout le temps, il faut trouver des solutions. C'est cette recherche constante qui consume à petit feu notre énergie.

Quand on est à l'extérieur, on peut toujours compter sur l'aide de quelqu'un. Toutes les personnes que nous croisons nous proposent systématiquement un coup de pouce. Puisque rien n'est prévu pour, la question n'est pas «Est-ce que vous pouvez le faire ?», mais plutôt « Dites-nous comment vous aider à y arriver ». Au Pérou, on voyage en autocar, et le trajet ne fait pas exception : à chaque étape, les guides et chauffeurs hissent Pierre sur les quatre immenses marches qui nous permettent de rejoindre nos sièges. Nous ne voulons à aucun prix qu'ils manquent une miette du voyage, alors nous insistons à de nombreuses reprises pour qu'ils préservent leurs forces. Pour chaque expérience vécue, on trouve une solution, avec des efforts rendus acceptables grâce à l'aide extérieure de nos coéquipiers de circonstance.

On apprend à faire sans

Dans les hébergements, en revanche, c'est le parcours du combattant. Aucune chambre n'est adaptée, même sur le strict minimum. Malgré une longue préparation à la recherche des hôtels « les plus accessibles » (ou les moins inaccessibles), on se confronte quotidiennement à des marches et à des bacs de douche trop hauts, ou à des portes trop étroites. Parfois les trois en même temps. On doit souvent aller jusqu'à retirer les roues du fauteuil pour que Pierre puisse entrer dans les salles de bains. Il nous faut redoubler de créativité et d'efforts physiques pour trouver des solutions à cette impossible équation.

Nous sommes épuisés, mais notre courbe d'apprentissage est fulgurante : à défaut d'avoir le choix, on apprend à faire sans. À contourner l'obstacle, et à travailler ensemble pour ne pas gaspiller toute notre énergie sur les gestes du quotidien. Le bonheur de voyager à nouveau compense partiellement les difficultés auxquelles nous sommes confrontés, et nous évite de sombrer dans le découragement. Nous notons quelque part pour nous-mêmes : pour la suite du voyage, penser à mettre des temps de repos dans le planning, et quelques hôtels vraiment accessibles sur l'itinéraire… C'est dehors que la vraie aventure nous attend, le seul moyen d'en profiter sera d'économiser nos forces.

Double page suivante. La beauté de la Laguna Colorada, en Bolivie, nous laisse le souffle coupé.

ARRÊTEZ DE DEMANDER SI « C'EST ACCESSIBLE »

Trouver des hébergements adaptés est souvent un défi. En cause, plusieurs problématiques qui s'entrecroisent, voire se cumulent.

1. LES NORMES D'ACCESSIBILITÉ

Elle sont nationales, et très inégales en fonction des pays. Elles sont parfois inexistantes, ou limitées à une obligation très restreinte (la largeur de la porte d'entrée, par exemple)... Très insuffisant !

2. LEUR INTERPRÉTATION ET LEUR MISE EN ŒUVRE

Elles dépendent d'une multitude de personnes (propriétaires, gestionnaires, architectes, artisans)... et de facteurs ! Entre le budget alloué aux travaux, les contraintes d'espace et le niveau (souvent faible) de connaissance des besoins des personnes concernées, les chances que chaque élément soit au bon endroit sont minces...

3. IL Y A AUTANT DE HANDICAPS QUE DE PERSONNES HANDICAPÉES

Ne serait-ce que dans le cas du handicap moteur, les profils sont multiples. On peut être en fauteuil tous les jours, ou pas. Manuel ou électrique. Pouvoir faire quelques pas. Utiliser ses bras avec plus ou moins de dextérité... Chaque personne a ses contraintes, et ses habitudes. Si on peut proposer des aménagements qui conviennent au plus grand nombre (l'idéal étant de penser les infrastructures en « accès universel »), il arrive que les équipements soient adaptés à certaines personnes et/ou contraintes, mais pas à d'autres. Il est donc difficile d'avoir une définition « parfaite » de l'accessibilité, a fortiori quand on ne connaît pas les besoins associés.

L'offre d'hébergement accessible est, de fait, hétérogène et plus ou moins rare selon la destination : ne pas rencontrer de mauvaise surprise en arrivant dans son logement relèverait presque du miracle... Et c'est là que ça devient bloquant pour les voyageurs en fauteuil ! Pour limiter les risques et savoir à quoi s'attendre, une seule solution : ne demandez jamais si l'établissement « est accessible », qu'il s'agisse d'un hôtel ou d'un autre lieu (restaurant, musée...). Il y a trop d'interprétations possibles entre votre question, le niveau de connaissance de la personne qui devra y répondre, et la manière qu'elle aura de le faire.

Le seul moyen de savoir si un lieu est accessible pour vous, c'est de vérifier dans le détail qu'il dispose des conditions d'accessibilité qui vous correspondent :

- Faites la liste précise de ce dont vous avez besoin pour vous sentir à l'aise (douche à l'italienne ou baignoire, siège de douche, barres d'appui, hauteur de lit, largeur des portes...).
- Communiquez cette liste à l'établissement en leur demandant poliment de vérifier que leurs équipements cochent vos cases (idéalement par écrit pour qu'ils puissent prendre le temps de le faire, en les relançant par téléphone si vous n'obtenez pas de réponse).
- Insistez sur vos priorités absolues en expliquant pourquoi elles le sont (exemple : donnez la largeur de votre fauteuil comme minimum pour assurer que vous passiez les portes, ou expliquez que vous ne tenez pas assis sans dossier dans la douche).
- Si vous souhaitez une confirmation, demandez à votre contact de vous envoyer des photos ou des vidéos de la chambre et des équipements, en précisant ce que vous avez besoin de vérifier pour vous assurer qu'elles sont bien cadrées.

Bref, faites preuve de patience, mais surtout de pédagogie. Même les personnes qui « connaissent quelqu'un en fauteuil » ne connaissent pas toutes les contraintes potentielles, et certainement pas celles qui vous sont propres : aidez-les à les comprendre pour qu'elles puissent vous aider à y répondre. Tous les établissements ne prendront pas forcément le temps de le faire, mais au moins vous saurez à quoi vous attendre dans celui que vous choisirez.

La Ruta 40

Décor féérique

7 octobre 2019. La route sombre contraste avec le rouge éclatant des rochers dans la Quebrada de las Conchas. La chaleur reste écrasante malgré la lumière qui descend derrière les reliefs, mais nous accueillons avec plaisir ces quelques degrés de trop après plusieurs semaines dans l'air frais des montagnes. Nous sommes seuls, et rien ne vient perturber le calme absolu de ce décor féérique. Dans quelques kilomètres, nous arriverons à Cafayate, ville paisible nichée au creux des vignobles des vallées de Calchaquíes.

La vie est douce depuis que nous avons traversé la cordillère des Andes. Rassérénés par notre escale chilienne, nous avons mis le cap sur la région désertique du Nord-Ouest argentin et la mythique Ruta 40. Cette route de plus de 5 000 kilomètres trace une ligne verticale qui part de la frontière bolivienne au nord pour rejoindre l'océan, à l'extrême sud de la Patagonie. Un itinéraire alternant goudron et pistes caillouteuses, qui donne au voyage un goût d'aventure à travers les plus beaux paysages argentins.

Accueil et partage

Tout n'est pas accessible, loin de là. Mais le changement est drastique. Des hébergements globalement mieux équipés, une alimentation en toute sérénité (une intoxication alimentaire avait fini de nous vider de toute énergie au Pérou), et une liberté recouvrée avec notre voiture de location nous laissent de cette période une impression de douceur, comme un flottement. Sur la Ruta 40, faire de la route est une expérience en soi. On profite de ces longs trajets pour s'imprégner de la beauté brute des paysages arides. Et chaque escale est une opportunité de se plonger dans l'atmosphère si spéciale d'un pays où l'art de vivre est ancré dans l'accueil et le partage.

Même un pneu crevé – et une absence totale de connaissances sur la manière d'y remédier – ne peut impacter notre humeur quasi extatique. À El Hornocal, la montagne aux quatorze couleurs, notre roue arrière se déchire au contact des kilomètres de piste cabossée. À notre grande honte, nous réalisons que nous n'avons jamais changé un pneu. Après quelques minutes d'efforts à quatre (nos amis Manue et Philippe nous ont rejoints depuis San Pedro) parfaitement infructueux, nous sommes sauvés par un quinquagénaire argentin qui s'arrête et effectue le changement en quelques minutes. Loin de nous avoir stressés, cet épisode nous conforte dans l'idée que l'Argentine s'annonce bien. En prime, on a appris à changer une roue. Qui sait, ça pourra peut-être nous servir…

À l'ombre des moai

21 octobre 2019. Nous nous levons à l'aube pour nous rendre à l'est de l'île de Pâques, encore plongée dans le noir. La route est cahoteuse, il nous faut rouler lentement pour éviter les nids-de-poule dans les ténèbres. À mi-chemin, il commence à pleuvoir dru : ce n'est pas très bon signe quand on va voir un lever de soleil, mais Rapa Nui peut encore nous réserver des surprises. Perdu au milieu du Pacifique, ce caillou de 160 kilomètres carrés balayé par les vents est exposé à des changements fréquents de météo… On croise les doigts.

Chance exceptionnelle

Avec ses quinze moai debout (dont le plus grand mesure 12 mètres et pèse 86 tonnes), l'Ahu Tongariki s'allonge sur près de 150 mètres. Dos à la mer, les statues de pierre contemplent l'étendue verte qui s'étale sous leurs pieds jusqu'à Rano Raraku, le volcan devenu carrière de tuf. Majestueux. Arrivés sur place, nous sommes entourés par une lumière laiteuse : le soleil commence à percer, mais les nuages encore nombreux l'empêchent d'éclore complètement. Bientôt, le jour sera tout à fait levé et nous n'aurons pas pu voir les rayons de lumière se poser sur les gardiens immobiles. Résignés, nous prenons malgré tout quelques minutes pour nous imprégner de la beauté de l'endroit. Autour de nous, les badauds venus voir ce spectacle matinal tournent les talons, nous laissant presque seuls. Soudain, une bourrasque déplace les nuages qui se dirigent droit vers nous. Une pluie fine se met à tomber, et une seconde bourrasque écarte la chape grise à l'est. Les rayons du soleil rasant nous éblouissent, auréolant les moai d'une puissante lumière orange.

On n'était pas prêts. On avait vu mille photos, entendu mille récits, imaginé mille fois ce moment. Rien ne nous avait préparés à une telle émotion en contemplant ces statues de pierre dans la lumière naissante du petit matin. Le temps semble suspendu, nous sommes saisis par la beauté de l'instant. Absorbés par le spectacle qui se déroule sous nos yeux, nous tournons la tête pour admirer le volcan derrière nous sous ce nouvel éclairage. On ne peut retenir un cri : au-dessus de la carrière, deux arcs-en-ciel complets englobent la montagne qui semble projeter des ondes d'énergie dans le ciel soudain devenu bleu. Au milieu de ce décor de rêve chargé de tant d'histoire, on oublie tout. Une seule pensée nous habite : la chance exceptionnelle que nous avons d'être ici, à cet instant.

Le souffle coupé

9 novembre 2019. On s'accroche à nos pagaies pour garder l'équilibre. À quelques mètres à peine, un imposant iceberg vient de se retourner, projetant des ondes successives dans l'eau glaciale qui chahutent notre embarcation. Au bout du Lago Argentino, tout proche, le Perito Moreno s'étend, faussement immobile. Le glacier est vivant : ses craquements sonores rompent régulièrement le silence des montagnes et d'imposants blocs de glace se détachent de la falaise à mesure qu'il avance, s'écrasant avec fracas dans l'eau bleu électrique du lac, 70 mètres plus bas. On se sent si petits, si fragiles face à tant de puissance et de beauté. À couper le souffle.

Nous nous sentons profondément reconnaissants. Pour nous, pagayer en kayak au pied de l'un des plus grands glaciers du monde n'était pas une évidence. Longtemps, nous nous sommes interrogés sur l'accueil qui nous serait réservé. Les organisateurs seraient-ils enclins à nous aider ? Allait-on même nous autoriser à embarquer ? Tout s'est finalement passé sans encombre. Après une matinée à arpenter les passerelles (accessibles) qui offrent une vue plongeante sur la falaise de glace, nous avons mis le

cap sur les rives où nous attendaient nos kayaks. Un moniteur a aidé Pierre à se transférer dans l'embarcation, et nous sommes partis. Le plus difficile, peut-être, a été d'enfiler la combinaison étanche, épaisse de plusieurs millimètres, pour nous permettre de survivre une heure en cas de chute dans une eau à 1 degré. Tout a été fluide, facile. Et notre bonheur à contempler ce géant de glace n'en était que plus grand.

De retour de Rapa Nui, nous avons atterri à Puerto Montt, aux portes de la Patagonie. Depuis quelques jours, le Chili est en proie aux plus violentes émeutes depuis la fin de la dictature, et l'ambiance des villes sous couvre-feu est pesante. Nous en avons déjà fait les frais à Santiago, coincés en voiture entre des barricades en feu et les canons à eau de l'armée, et sommes heureux de traverser à nouveau la Cordillère pour renouer avec le calme de l'Argentine.

La sérénité retrouvée

Pour notre plus grand bonheur, nous retrouvons la Ruta 40, que nous ne quitterons presque plus. Cap au sud, direction la Terre de Feu, 3000 kilomètres plus bas. Sur cette route, nous sommes libres. Alors que nous sommes perdus au milieu de ces paysages grandioses, la solitude vertigineuse des grands espaces nous apporte une sérénité sans pareille. Un sentiment d'humilité, et le bonheur simple d'avoir renoué avec l'essentiel. Dans cette immensité, le vent balaye les centaines de kilomètres de plaines ponctuées de rares reliefs, soulevant des colonnes de sable qui s'abattent sur nous en tempête.

La nature reprend pleinement ses droits et nous ne croisons que quelques animaux sauvages, stoïques face aux éléments qui se déchaînent... Pas la moindre présence humaine, pas le plus petit poteau électrique : le bonheur à l'état pur.

Nous ne rêvons que d'une chose : nous immerger entièrement dans cette nature omniprésente. Nous perdre sur les sentiers qui parcourent les grands espaces pour vivre pleinement l'expérience de ce lieu, jusqu'à ne plus faire qu'un avec lui. Les sentiers parfois trop étroits, trop pentus ou trop rocheux ne nous en laissent pas autant le loisir que nous l'aurions souhaité. Nous en éprouvons une certaine frustration, mais pas de regrets : nos excursions, même écourtées, suffisent à nous donner un aperçu d'exploration sauvage. Et la route fait le reste. Nous apprenons à renoncer en toute sérénité, à une condition : être certains d'avoir tout donné pour aller le plus loin possible, pour profiter un maximum. C'est le seul moyen de ne rien regretter.

La frustration comme moteur

12 novembre 2019. Sur la plage, un cri perce le silence. Pierre vient de basculer en arrière et il se retrouve allongé au sol, les jambes en l'air, encore posées sur le cale-pieds de son fauteuil renversé. Après un instant de stupeur, on part dans un fou rire incontrôlable : on vient de commettre une erreur de débutants... Le manque de synchronisation ne pardonne pas. Quelques poussées communes suffisent heureusement à rectifier le tir. Pierre est à nouveau assis en bonne position, et on repart : le chemin est encore long.
Au cœur du parc naturel de Torres del Paine au Chili, une plage de galets longe le Lago Grey sur plusieurs centaines de mètres. L'eau grise charrie des icebergs bleutés qui se détachent sur la masse sombre des montagnes en arrière-plan. Une carte postale époustouflante. Ce parc est d'ailleurs réputé pour être l'un des plus beaux du pays... Mais il nous laisse sur notre faim. Les paysages grandioses défilent sous nos yeux. À chaque arrêt, nous descendons de voiture, espérant pouvoir nous engager – au moins pour quelques dizaines de mètres – sur les sentiers qui les parcourent... Peine perdue. Nos envies d'exploration sont contraintes par des terrains cahoteux et des dénivelés trop importants : on se contente d'ouvrir grand les yeux derrière les vitres, et de nous arrêter à quelques points de vue. La nature nous appelle, irrésistible. Mais nous sommes impuissants à lui répondre. On bout intérieurement. On a soif d'efforts et de découvertes.

Alors qu'on se gare sur le parking de la plage, notre frustration monte encore d'un cran. Des arbres entourent l'esplanade sur laquelle nous nous tenons : d'ici, on ne peut rien voir. Le chemin piétonnier qui quitte le parking est extrêmement raide, parsemé de rochers et de racines. On ne discerne rien de ce qui nous attend en bas. Si nous nous y

engageons, pourrons-nous continuer jusqu'à la plage ? Avons-nous une chance de voir ce paysage dont nous avons tant entendu parler ? La frustration est un puissant moteur. On ne veut plus hésiter, au risque de passer à côté d'une belle découverte. On verra bien ce qui nous attend : on se lance dans la pente, prenant garde à ne pas déraper sur le sol boueux. En bas du chemin, la plage s'étend sous nos yeux. Presque 2 kilomètres de galets nous séparent du panorama tant attendu, dans lesquels les roues du fauteuil s'enfoncent de plusieurs centimètres. On n'a pas fait tant d'efforts pour s'arrêter là… On enfile le harnais et les cordes, et on se lance.

Il nous faudra deux heures pour atteindre le bout de la plage et revenir. Deux heures pour une vue. L'expérience peut paraître si vaine au vu de ce ratio… Mais on ne regrette rien. Face à la frustration, malgré une probabilité d'échec élevée, on a décidé d'essayer. Pour la première fois depuis trop longtemps, on ressent la satisfaction du randonneur fatigué qui admire la vue depuis un sommet. Le paysage est magique. Mais pas autant que la sensation de s'être battus pour y accéder. Un sentiment teinté de fierté nous envahit. On a essayé. On a galéré. Mais on a continué, jusqu'au bout. Si petite qu'elle puisse sembler aux yeux des autres, cette victoire nous appartient. Et son souvenir restera longtemps gravé dans nos mémoires, sous la forme d'une carte postale à couper le souffle et d'icebergs aux reflets bleutés.

VOYAGE LONG : BIEN CHOISIR SON ÉQUIPEMENT

Pas toujours évident de choisir son fauteuil quand on part longtemps en voyage. Loin de chez vous, l'adaptabilité, c'est la clé ! Passons en revue les trois choses essentielles avant d'acheter un fauteuil qui sera un véritable allié pendant vos explorations.

1. LE CHÂSSIS

Aucun long discours ne sera plus utile que ces trois mots-clés à ne pas oublier au moment de le choisir : solidité, praticité et réparabilité !

- Solidité : voyage long rime souvent avec de nombreux transferts, et des terrains pas toujours très praticables. Pour en profiter sereinement, l'idéal est d'opter pour un matériau qui résiste aux chocs : l'aluminium, par exemple, un bon compromis entre la légèreté et la robustesse.
- Praticité : voyager, c'est avoir envie de passer partout, mais aussi d'être à l'aise au quotidien. Pour cela, il faut que votre fauteuil soit pratique : pas trop lourd, pas trop encombrant… et à votre taille, pour vous laisser votre liberté de mouvement. Petite info utile : plus votre fauteuil est pliant, plus il a de visseries… et plus il est lourd (et fragile). Il faut donc trouver un compromis entre le poids et le côté encombrant en fonction de vos moyens de transport les plus fréquents.
- Réparabilité : on n'y pense pas toujours, mais il peut arriver qu'il y ait de la casse sur votre fauteuil. Dans les transports, sur des terrains un peu cahoteux, suite à une chute… en cas de galère, c'est rassurant de se dire qu'on peut trouver facilement quelqu'un qui pourra réparer le fauteuil, même de manière artisanale. Donc on fait simple, et on évite le carbone, par exemple, qui casse plus facilement et qui ne se répare pas.

2. LES ROUES

Roues cross ou roues de ville, ça dépend de votre programme. Une chose est sûre : emporter plusieurs paires de roues demande une logistique importante… On vous conseille donc de faire un choix.

L'avantage des roues cross : elles vous permettent de vous balader sur tous les chemins plutôt tranquillement. Plus stables, mais aussi plus lourdes et larges, elles sont moins faciles pour les gestes du quotidien et les déplacements en ville. Dans un cas comme dans l'autre, assurez-vous que vos roues se retirent facilement de votre fauteuil pour simplifier le rangement de celui-ci. Et n'oubliez pas d'emporter des rustines et des chambres à air de rechange !

3. LES POIGNÉES

À vous de voir si vous voulez un coup de main ou si vous préférez éviter qu'on vous pousse ! Vous avez trois options.

- Si vous êtes 100 % autonome et que vous ne voulez absolument pas d'aide, oubliez les poignées. Elles ne vous seront pas utiles.
- Vous pensez demander des coups de main de temps en temps, mais vous préférez être autonome ? Mettez des poignées rétractables : vous aiderez les autres à vous aider, mais vous pouvez toujours les baisser si vous voulez être tranquille (attention, elles sont un peu plus fragiles).
- Si, enfin, vous pensez avoir souvent besoin d'aide, choisissez des poignées fixes : plus simples et surtout plus solides pour pousser, voire pour porter si besoin.

Lever de soleil spectaculaire dans le Salar d'Uyuni, le plus grand désert de sel au monde.

Liberté conditionnelle

15 décembre 2019. Cent jours. Si long, et si court à la fois. Il nous semble être arrivés en Amérique du Sud hier… ou il y a un an, on ne sait plus trop. Nous avons vécu ici tant d'aventures exceptionnelles, parcouru tant de kilomètres, vu tant de choses incroyables, que le temps semble s'être distendu, détail un peu informe dans un tourbillon d'émotions multicolore. Nous sommes tombés amoureux de ce continent, de ses grands espaces, de ses habitants et de la variété de ses paysages : à l'heure du départ, nous réalisons à quel point nous sommes reconnaissants de cette expérience. Des efforts récompensés, ce serait finalement un joli résumé de la première étape de notre aventure. Dans des pays où l'accessibilité souvent manquante invite à l'entraide, nous avons renoué avec notre amour de l'exploration sauvage, celui d'avant que Pierre ne soit en fauteuil et que nous pensions désormais hors de portée. Une passion dévorante ravivée par un sentiment de liberté incomparable face à la beauté de ces immensités dépeuplées… et par les apprentissages cumulés grâce aux difficultés rencontrées, ouvrant chaque jour sur des possibilités nouvelles. Nous avons encore du mal à croire à l'étendue du chemin parcouru en si peu de temps et sommes déterminés à profiter pleinement de la suite de ce tour du monde, galvanisés par les enseignements tirés de nos incroyables expériences.

Une découverte exceptionnelle

Notre dernière étape est la plus difficile psychologiquement. Nostalgiques de la Patagonie, pour laquelle nous avons eu un vrai coup de foudre, nous éprouvons de grandes difficultés à renouer avec la civilisation. Depuis Ushuaïa, nous rejoignons Buenos Aires, puis mettons le cap sur la frontière brésilienne. Plus de deux cent cinquante chutes d'eau qui plongent en cascades bouillonnantes, jusqu'à 80 mètres de hauteur... Notre escale aux chutes d'Iguazú promet d'être une découverte exceptionnelle. Et en effet, le site est majestueux. Côté argentin, des passerelles en bois longent les cours d'eau à flanc de falaises pour déboucher sur ces immenses chutes, dans un fracas assourdissant. Les quelques marches présentes sur le chemin ne nous empêchent pas de profiter de l'endroit. Les files d'attente pour faire des selfies devant les chutes, un peu plus. Le site classé à l'Unesco attire chaque année des millions de visiteurs, et le mauvais temps ne dissuade personne. Nous retrouver dans une telle foule après avoir goûté à la solitude des grands espaces nous pèse. Même constat côté brésilien, avec un flux de touristes tout aussi important mais concentré sur un espace plus petit. De ce côté, peu d'endroits sont accessibles en fauteuil. On ne s'attarde pas, et on met le cap sur la Costa Verde, empruntant la route qui nous mènera jusqu'à Rio.

Repos et soleil, la *boa vida*

Hélas, nous n'avons pas choisi le meilleur itinéraire au Brésil. La route étroite croule sous les camions. Impossible de doubler, et nous nous retrouvons coincés plusieurs jours de suite derrière des convois encombrants. Curitiba, São Paulo... Nos escales en ville nous laissent sur notre faim, et nous n'arrivons pas à accéder à la nature pour souffler sur le chemin. Bien que la masse vert sombre de la forêt tropicale se jetant dans l'océan turquoise offre un spectacle mémorable, nos tentatives d'exploration se soldent presque toujours par un échec face aux escaliers ou aux rochers qui bloquent les chemins. Dans cette région peu touristique, nous ne croisons pas grand monde. Livrés à nous-mêmes, nous n'arrivons pas à passer ces obstacles seuls. La fatigue de ces trois derniers mois n'aiguise pas notre détermination, et nous décidons de faire de notre séjour à Rio un sas de décompression avant notre changement de continent. Au programme : repos et soleil, la *boa vida*.

Ralentir le rythme

C'est la dernière leçon que nous apprendrons sur ce continent. Lorsque l'environnement ne nous permet pas d'être libres, il nous faudra faire preuve de créativité. Renforcer notre condition physique. Prévoir le bon équipement. Et trouver des coéquipiers pour nous aider à aller plus loin. Mais il nous faudra aussi faire preuve de résilience. Parce que nos efforts ne paieront pas toujours. Voyager au long cours et devoir constamment « faire preuve de » promet d'être épuisant. Pour être capables de tenir la distance, nous devrons ralentir le rythme.

À DEUX SUR UN VÉLO

La Nouvelle-Zélande en tandem

22 mars 2020. On ne sait pas quand l'aventure s'arrêtera. Cette pensée s'immisce progressivement dans nos esprits, et grandit jusqu'à occuper tout l'espace. On pédale au cœur de paysages sublimes, mais au loin, dans un coin de notre tête, un nuage épais se forme, aussi noir que le ciel au-dessus de nous. Il flotte quelque chose d'étrange dans l'air. Quelque chose qui rend chaque coup de pédale plus fragile, et plus précieux. Comme si cette fin qu'on a si souvent imaginée devenait à la fois plus proche et moins certaine. Le port Bluff est toujours là, au bout de la route, mais le monde autour de nous vacille. Et on commence à se demander si on pourra l'atteindre. Qui aurait pu imaginer ce qui est en train de se passer…

La veille, nous explorions Milford Sound en bateau. Subjugués par les cascades majestueuses tombant des montagnes léchées par les vagues du fjord, nous aurions voulu que le temps s'arrête. Nous aurions aimé rester, profiter de ces paysages naturels encore préservés, de la beauté de cette région sauvage où nous étions – dans ce contexte de pandémie de Covid 19 – presque les seuls visiteurs. Le calme absolu. Mais il nous a fallu repartir, vite : la course contre la montre est engagée. On ne peut plus perdre de temps.

53 JOURS DE NATURE EN NOUVELLE-ZÉLANDE

(itinéraire prévu sur l'île du Sud, pas celui réalisé in fine)

- Picton-Havelock : 32 km ; D+ 356 m
- Havelock-Nelson : 75 km ; D+ 861 m
- Nelson-Owen River : 120 km ; D+ 1 158 m
- Owen River-Reefton : 105 km ; D+ 909 m
- Reefton-Hokitika : 119 km ; D+ 530 m
- Hokitika-Whataroa : 106 km ; D+ 761 m
- Whataroa-Pine Grove : 89 km ; D+ 1 018 m
- Pine Grove-Haast : 86 km ; D+ 668 m
- Haast-Wanaka : 144 km ; D+ 1 800 m
- Wanaka-Queenstown : 80 km ; D+ 1 170 m
- Queenstown-Te Anau via Tekapo : 630 km (en véhicule motorisé)
- Te Anau-Tuatapere : 108 km ; D+ 775 m
- Tuatapere-Invercargill : 85 km ; D+ 536 m
- Invercargill-Bluff : 30 km ; D+ 83 m

Un nouveau rythme

19 février 2020. À quelques kilomètres de Rotorua, nous nous engageons sur un chemin en terre battue qui serpente à flanc de montagne. Au fond de la gorge, un torrent se déchaîne : après seulement quelques jours, ces paysages nous ont déjà conquis. Le chemin est étroit, les virages sont serrés... Pas de doute, le parcours est plus adapté à un gravel ou à un VTT qu'à notre tandem de 50 kilos, long de plus de 2 mètres. On descend timidement de quelques mètres, puis le chemin remonte. On tente une relance, mais notre vitesse est insuffisante. Le coup de frein qu'on donne à la vue du vététiste qui arrive en face de nous est fatal : impossible de repartir, et on a toutes les peines du monde à garder notre équilibre, à l'arrêt et en pleine pente. L'inconnu nous voit chanceler, saute de son vélo et nous pousse pour nous donner de l'élan : c'était moins une, mais on repart. On a eu chaud.

Premiers tests du tandem.
On marque une pause pour admirer le lac Taupo qui s'étale sous nos yeux.

Audacieux ou inconscients ?

Le vélo est le moyen parfait pour s'immerger dans des paysages grandioses.

Ce tandem, on ne le maîtrise pas encore. Doux euphémisme. On l'a bien essayé une fois en France avant de partir, sur quelques centaines de mètres dans une rue large et plate… mais c'est tout. On le comprendra vite : ce n'était pas suffisant. Cela fait une semaine que nous avons atterri à Auckland, sur l'île du Nord en Nouvelle-Zélande. Nous n'avons jamais vraiment fait de vélo. Ou en tout cas, pas en itinérance. Nous ne sommes pas des sportifs accomplis. Nous ne savons pas ce que représentent 100 kilomètres à vélo, ou 1 000 mètres de dénivelé à grimper. Pourtant, nous avons décidé de traverser ce pays montagneux en tandem. À l'origine, plus de 1 800 kilomètres à parcourir, et 12 000 mètres de dénivelé positif. Audacieux ? Peut-être. Inconscient ? Sûrement. Surtout avec une préparation inexistante.

LE TANDEM

Notre vélo est un tandem un peu particulier. Pierre est à l'avant, sur un maindalier. Myriam, à l'arrière, avec les pédales, les vitesses, la direction, les freins. L'effort est partagé, mais la coordination est indispensable. Chaque action de l'un agit directement sur l'autre. Il va falloir apprendre à se parler, à se comprendre, à se synchroniser.

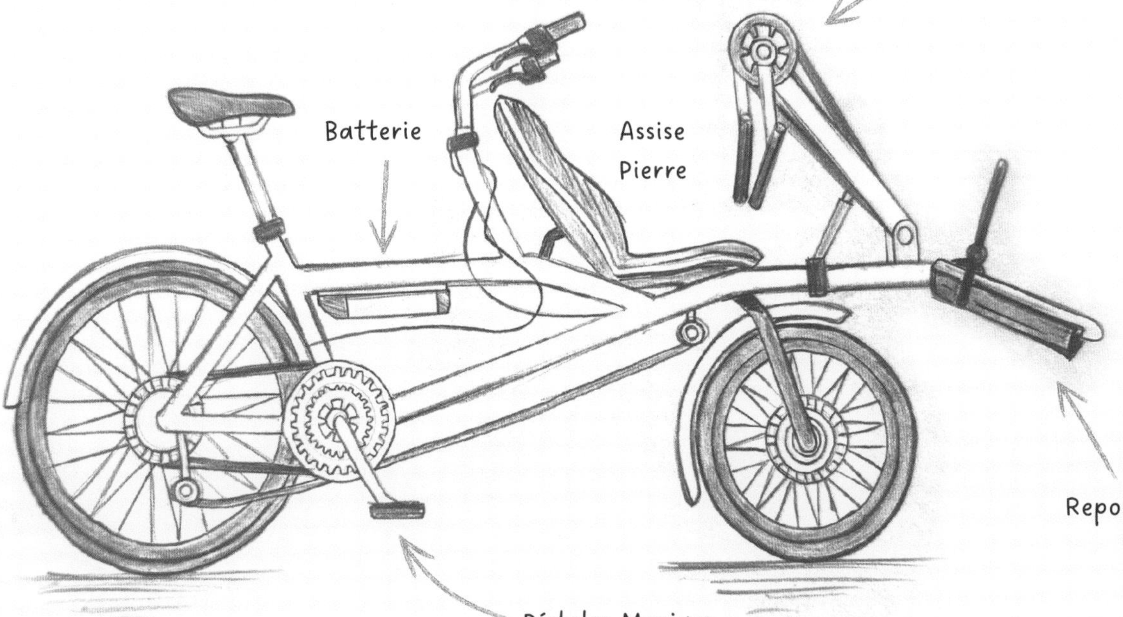

La liberté

Sans qu'on en ait fait l'expérience, l'aventure à vélo nous attire irrésistiblement. Avec son rythme lent et son caractère par nature hors des sentiers battus, ce mode de voyage (plus que de transport) semble incarner tout ce à quoi nous pensions devoir renoncer depuis 2015. L'imprévu, le spontané... la liberté. En parcourant des distances plus courtes qu'en voiture, on s'arrête à des endroits qu'on n'aurait pas découverts autrement. Grâce au rythme plus lent, on prend le temps de s'immerger dans les paysages féériques. En sollicitant nos muscles pour avancer, nous nous approprions un peu plus le voyage, pour le transformer en aventure. C'est cette intensité qu'on veut vivre. Et on veut la vivre d'autant plus fort qu'on la pensait inaccessible il y a encore peu de temps.

Un premier défi

Au vu de sa taille et du fait qu'il a une assistance électrique (les batteries ne voyagent pas facilement en avion), l'acheminement du vélo est beaucoup plus compliqué que prévu. Il devait arriver en Nouvelle-Zélande en même temps que nous, mais aura finalement plusieurs jours de retard. De notre côté, nous venons de passer plus d'un mois à barouder en Australie : entre la fatigue accumulée et le retard du vélo, nous ne serons pas prêts. On décide d'adapter nos plans et de s'accorder une phase de rodage. Sur l'île du Nord, on ne fera que quelques sorties à la journée, pour apprivoiser notre nouvel équipement. La partie la plus difficile du trajet se trouve à l'ouest de l'île du Sud, dans les Alpes néo-zélandaises : la priorité reste d'arriver préparés pour cet obstacle. Notre vraie aventure commencera donc à Picton, avec un objectif : atteindre Bluff, le port le plus au sud du pays. Un parcours de 1 000 kilomètres, et 8 000 mètres de dénivelé positif. Plus abordable, mais malgré tout un réel défi.

Prendre la route

3 mars 2020. Le ferry glisse entre les roches couvertes de conifères. Dans le bras de mer encadré de montagnes qui nous mène à Picton, le silence s'installe. On prend conscience de ce qui nous attend. Cette fois, on y est, ce n'est plus un entraînement. On touchera bientôt la rive, et ce sera le début de quelque chose de nouveau. L'automne pointe le bout de son nez de ce côté de l'hémisphère, et nous sommes accueillis par des rafales de vent parsemées de gouttes de pluie. Les températures sont en baisse : la météo nous enveloppe dans l'atmosphère presque mystique de ces paysages sauvages, mais nous savons qu'elle décidera aussi des conditions de notre aventure… On ne sait rien de ce qui nous attend, mais on se fait une promesse : on donnera tout ce qu'on peut pour y arriver.

De toute façon, on n'a pas vraiment le choix : on a dû réserver tous nos logements à l'avance pour être sûrs qu'ils sont un tant soit peu accessibles. L'itinéraire est calé, il nous faudra bien arriver chaque jour à destination si on veut s'assurer un toit pour la nuit. Trente-cinq kilomètres le premier jour, 75 le lendemain, et une moyenne entre 100 et 120 les jours suivants… il va falloir s'accrocher.

Gérer la batterie

Physiquement et mentalement, les premières étapes sont rudes. On a à peine le temps de prendre nos marques : le corps est mis à l'épreuve, et la batterie aussi. Dès le deuxième jour, elle est presque vide à l'arrivée. On gère encore mal les vitesses, les côtes, les relances. On a du mal à se coordonner, à se parler et à se mettre à la place de l'autre. On commence à comprendre que tout va se jouer sur une gestion fine de l'effort et de la

Hector
sentiel de
OUVELLE-ZÉLANDE
écouvrir le meilleur de la Nouvelle-Zélande
Southern Cook Islands
Niue
COOK ISLANDS
(KŪKI 'ĀIRANI)
PACIFIC
OCEAN
NORTH
ISLAND
AUCKLAND
PACIFIC OCEAN
North Auckland
WELLINGTON

batterie, sans laquelle on n'a aucune chance. À deux et avec notre condition physique, on est trop lourds pour faire face aux pentes qui nous attendent sans assistance électrique. Il faudra apprendre à doser, à économiser, à anticiper. En visualisant les étapes à venir, on est pris de doutes... Pourra-t-on vraiment parcourir 120 kilomètres dans quelques jours, quand on a déjà eu du mal à faire les 75 de cette étape ?

Très vite, on passe en mode « objectif ». Chaque journée est organisée autour du tandem. On mange pour tenir, on dort pour récupérer, on roule pour avancer. Les soupes instantanées et les barres de céréales remplacent les découvertes culinaires locales. On ne voyage plus pour voir la destination, on avance lentement, pour profiter d'un chemin. Les paysages deviennent plus présents, plus puissants : on est à la merci de la nature, immergés en son cœur. Le vent et la pluie, qu'on traitait avant comme des désagréments, deviennent des éléments déterminants. Il faut composer avec eux, adapter notre allure, accepter l'inconfort. On n'est pas seuls sur la route : on est dans un dialogue constant avec le relief, le ciel, la météo.

On pourra peut-être le faire

Quelques semaines plus tôt, rien de tout cela n'était possible. Mais, à notre grande surprise, les progrès se font rapidement sentir : notre communication s'améliore, nos gestes deviennent plus naturels. On développe des automatismes, et on commence à sentir que l'effort devient collectif, fluide. Presque instinctif. Après quelques jours, on se prend à croire que, peut-être, on pourra le faire. Le vélo ne joue pourtant pas en notre faveur : dès les premières étapes, un problème de moteur nous met des bâtons dans les roues. Sans que l'on sache vraiment pourquoi, le pédalier fonctionne bien

lorsque la batterie est allumée. Mais lorsqu'elle s'éteint en cours d'étape, c'est comme si un ressort se serrait progressivement autour de la manivelle : le pédalage devient de plus en plus difficile, et on doit décupler nos efforts pour avancer. Sur le plat, on s'en sort encore. Mais en montée, impossible d'avancer dans ces conditions. Or nous n'avons pu nous procurer qu'une seule batterie sur place, celles que nous avions prévues n'ayant finalement pas pu voyager depuis l'Europe. Pour garder la batterie allumée – et les pédales utilisables – sur toute la durée des étapes, nous devons donc renoncer à mettre en marche l'assistance. Ou tout au moins limiter très sérieusement son utilisation pour éviter la panne : il ne nous faudra finalement compter que sur nos bras et nos jambes.

Florence et Nicolas

Heureusement, on est bien entourés. Tout au long de la route, deux amis se succèdent pour assurer l'assistance logistique de cette aventure : Florence (une collègue de Pierre) sur les premiers jours, puis Nico (notre coéquipier du Kilimandjaro). Chaque matin, on charge les bagages dans la voiture, on laisse le fauteuil, et on part. Le réseau est inégal et il nous est difficile de communiquer pendant la journée, alors on se retrouve à des points de rendez-vous fixés la veille. Parfois pour un repas, parfois pour un simple check-point. La présence de Florence et de Nico change tout. Elle nous allège physiquement. Elle nous sécurise mentalement. Et elle rend cette aventure profondément collective.

Les kilomètres s'enchaînent. La fatigue se fait sentir. Mais la route défile. Après quelques jours, on voit se dessiner la côte ouest de l'île : les étapes de montagne nous attendent.

Célèbre dans le monde entier, l'arbre de Wanaka a grandi dans l'eau, à quelques mètres des rives du lac.

LE HANDICAP, UNE AVENTURE COLLECTIVE

Être en fauteuil roulant est une contrainte. Notamment quand on part à l'aventure, et qu'on sort d'un cadre du quotidien qui peut être accessible quand on y a pris ses habitudes et que les infrastructures le permettent. Une contrainte, oui… mais pas toujours un frein ! Notamment quand on avance à plusieurs. Le handicap, c'est un sport d'équipe : plus on est nombreux, plus on avance vite. Et plus on peut aller loin. Encore faut-il s'écouter, se comprendre, et se coordonner.

On l'oublie parfois dans les projets « inclusifs », mais vivre des aventures en équipe, ce n'est pas une question d'assistance. La ou les personne(s) sans handicap ne sont pas « au service de » la personne avec. On « n'emmène pas » une personne handicapée pour vivre un projet sportif. C'est l'énergie collective qui est au service d'un objectif commun. C'est une dynamique où chacun a son rôle à jouer : énergie physique, technique, soutien moral, créativité, motivation…

Comme dans toutes les équipes, chacun a ses forces et ses faiblesses, sa motivation et ses moments de doute. Pour aller le plus loin possible, il faut savoir tenir compte des contraintes et des apports de chacun pour créer un collectif qui fonctionne. Au cours de nos voyages, on a identifié quelques clés qui nous permettent d'y parvenir.

- SE PARLER AVANT DE PARTIR
Partager un objectif commun, se dire comment on va s'y prendre, qui fait quoi. La coordination ne s'improvise pas en plein effort, au milieu d'une côte ou d'un chemin ensablé, elle se prépare. Cela ne veut pas dire que tout se passera comme prévu. Mais en préparant l'effort, on limite les situations de stress aux moments d'imprévu. Et c'est déjà beaucoup.

- DÉVELOPPER UNE VRAIE EMPATHIE
Chacun vit l'effort à sa manière. Développer son empathie, c'est essayer de se mettre à la place de l'autre pour mieux comprendre ses moteurs, ses contraintes et ses peurs. C'est savoir prendre en compte les signaux de fatigue, et limiter les risques de générer du stress inutile en adaptant son comportement dans les situations d'effort intense. Si chacun tente de se mettre à la place de l'autre, on optimise la dynamique collective, et donc la gestion de l'effort.

- DÉBRIEFER À FROID
  L'effort, la fatigue et le stress génèrent parfois des situations explosives. Après un moment difficile, il est précieux de pouvoir en parler, de poser des mots sur ce que chacun a ressenti pour adapter les modes de fonctionnement et éviter que la situation se reproduise au prochain obstacle. Pour que les échanges soient constructifs, mieux vaut débriefer « à froid » pour éviter que les émotions du moment prennent le pas sur un échange constructif.

- GÉRER SON ÉNERGIE ET CELLE DES AUTRES
  Dans une équipe, l'énergie physique et mentale se partage. Chacun peut avoir un coup de mou, et l'équipe doit être là pour y remédier temporairement. Mais pour cela, elle doit en être informée : se parler, demander aux autres comment ils se sentent, accepter de réclamer de l'aide ou une pause quand on se sent faiblir sont des conditions indispensables à cette gestion de l'énergie collective.

- LAISSER SA PLACE À CHACUN
  Avancer en équipe n'est pas « faire à la place de », c'est faire avec. Atteindre l'objectif commun, c'est avoir permis à chacun d'aller au bout de ses propres efforts. En essayant de faire à la place de, on risque de les court-circuiter, impactant de fait le potentiel collectif que représente la somme de ces énergies individuelles. C'est mathématique.

Mais le fauteuil roulant crée aussi la rencontre. A fortiori quand il se retrouve dans des environnements inattendus, des chemins qui ont déjà demandé des efforts aux personnes que l'on croise, sans qu'elles soient elles-mêmes en fauteuil. Dans ces cas-là, on découvre une équipe qu'on n'a pas choisie : des inconnus qui, en nous croisant sur un sentier ou au détour d'un obstacle, choisissent spontanément de nous tendre la main.

Ces personnes ne nous connaissent pas, ne savent rien de nos habitudes ou de nos contraintes. Et pourtant, ce sont elles qui nous permettent de franchir des marches trop hautes, d'atteindre un sommet, ou simplement de continuer à avancer, quelques mètres de plus.

Dans ces situations, la communication prend d'autant plus de valeur : il faut savoir expliquer rapidement nos besoins, poser un cadre clair pour rester en sécurité sans freiner l'élan, et permettre à l'autre de s'intégrer à cet effort.

Choisis ou « de passage », les coéquipiers rendent l'aventure plus belle et plus accessible. On ne vit pas la même expérience seul(e), à deux ou à plusieurs.

Le collectif a cette double force : celle, évidente, de permettre d'aller loin ensemble. Et celle, plus subtile, de créer les conditions pour mieux se comprendre en apprenant à déconstruire les préjugés.

Le mur des montagnes

8 mars 2020. Cela fait cinq jours qu'on pédale. La route est une succession de montées et de descentes, et les changements de rythme nous forcent à garder notre concentration tournée vers l'effort. Ces cinq premiers jours ont été formateurs, et nous sommes entrés dans une routine à laquelle nous nous habituons peu à peu : l'asphalte qui défile, les ajustements du tandem, les coups de vent et les sandwichs au pain de mie avalés à la va-vite entre deux coups de pédale. Les routes sillonnent à travers les champs, et les paysages du nord de l'île sont monotones sur notre itinéraire. Alors, quand les bourrasques iodées nous accueillent sur la côte ouest, leur réconfort est la promesse d'une nouvelle ère. Entre océan et glaciers, les prochaines étapes seront à couper le souffle. Mais c'est aussi dans les montagnes que les vraies difficultés vont commencer.

Et si on tombait ?

La route se cabre. Le paysage devient plus sauvage, plus escarpé. À flanc de glaciers, le vent forcit : les bourrasques croisées nous déstabilisent et les averses s'abattent sans prévenir. Dans les descentes sinueuses, la pluie transforme le goudron en piège brillant. Chaque virage demande une vigilance totale : l'aventure est d'autant plus belle qu'elle est intense. Déterminés à avancer, nous sommes néanmoins en proie à une crainte qui ne nous abandonne jamais, kilomètre après kilomètre : et si on tombait ?

Le tandem est instable par nature. Le centre de gravité est à l'avant, là où Pierre est installé, et sa taille rend les manœuvres difficiles. Si on ralentit trop, si le moteur lâche en montée, si le vent s'engouffre au mauvais moment, l'équilibre peut se rompre. Nous n'empruntons pas les pistes cyclables, destinées aux VTT et peu adaptées à notre équipement. Il nous faut partager la route avec les automobilistes, et les immenses camions chargés de bois qui nous dépassent à une vitesse folle. Dans ces conditions, la chute peut vite virer au cauchemar. Sans le fauteuil de Pierre, sans réseau, nous serions incapables de nous réinstaller seuls sur ce tandem bancal. La chute ne doit pas se produire. Elle ne le peut pas.

À l'ouest de l'île du Nord, le mont Taranaki surplombe le parc national d'Egmont.

On ne peut pas maîtriser les conséquences. Mais on peut diminuer les probabilités : sur ces étapes de montagne, on ajuste notre conduite. On redouble de communication : chaque mouvement est annoncé, chaque changement de rythme est discuté. On devient ultra-réactifs. On transforme chaque peur en vigilance, chaque contrainte en stratégie. Et on apprend.

Face au risque, il nous faut revoir nos priorités. Le moteur est de plus en plus capricieux, jusqu'à nous empêcher complètement d'avancer, parfois. Il nous faut inventer des solutions, écourter certaines étapes, et trouver un moyen de transporter le vélo

quand le niveau de pente et son état de fonctionnement deviennent incompatibles. Nous sommes frustrés par cet équipement qui nous enferme dans un rythme beaucoup trop lent à notre goût. On veut en découdre. En quelques jours, nous avons acquis une forme physique qui nous a permis de boucler des étapes inimaginables quelques semaines plus tôt. 100, 110, 120 kilomètres : à la force de nos bras et de nos jambes, nous avons fini par nous convaincre que nous étions capables de relever ce défi sportif et humain. Et c'est maintenant le moteur, que nous pensions notre principal allié, qui bloque nos pédales et nous empêche de poursuivre sur cette lancée. Mais la frustration ne nous mène à rien : à l'autre bout du monde, plongés dans des paysages féériques, nous refusons d'abandonner. Glacier Franz-Josef, mont Cook, lac Pukaki… les Alpes néo-zélandaises, montagnes escarpées couvertes de forêts denses, défilent sous nos yeux émerveillés, et leur beauté sauvage nous coupe le souffle à chaque virage. Les étapes seront peut-être plus courtes, mais nous ne renoncerons pas à cette liberté qui nous submerge alors que nous pédalons, seuls au milieu de nulle part.

Tenir le cap

20 mars 2020. Le bleu turquoise éclatant de l'eau tranche avec le beige un peu morne des herbes séchées par les chaleurs de l'été. Le front collé au hublot d'un minuscule avion à hélice, nous ne parlons pas, plongés tout entiers dans cette vision époustouflante du lac Tekapo, que nous longions la veille

à vélo. Chaque jour qui passe, cette île nous envoûte un peu plus. Sa végétation luxuriante, ses montagnes majestueuses, ses lacs au bleu intense… il émane de ces paysages une sensation de puissance et de fragilité, une sérénité sauvage qui invite à la contemplation. Après plusieurs semaines sur les routes, on a l'impression d'appartenir à ce tableau vivant : immergés en pleine nature, on se sent bien. Entiers.

Malgré le cadre féérique, la situation nous inquiète : cela fait quelques semaines maintenant que nous entendons parler de ce virus qui menace, et les signes de sa présence se multiplient. Quelques jours auparavant, nous avons appris un nouveau mot et avons assisté de loin à sa mise en place en France, par l'intermédiaire de nos proches. Le confinement n'est pour nous qu'un concept, et le vent qui caresse nos visages sur la route empêche nos cerveaux de bien appréhender l'idée même d'enfermement. Cette menace qui semblait si lointaine se rapproche pourtant, inexorablement. Les frontières néo-zélandaises sont désormais fermées, les derniers arrivants soumis à une quarantaine stricte. Et on ne peut ignorer les regards préoccupés des hôtes qui nous reçoivent à chaque étape, inquiets de l'absence de touristes pour remplir leurs établissements et face à l'incertitude qui plane sur la période à venir. Cette incertitude, nous la ressentons dans notre chair. Après tant d'efforts, tant de kilomètres parcourus, notre objectif se rapproche. Mais le pays n'a pas les moyens de lutter contre une épidémie de cette ampleur s'il ne prend pas des mesures rapidement. Trop peu d'hôpitaux, trop peu d'équipements. À mesure que les jours passent, nous en sommes certains : le confinement ne tardera plus. Malgré l'isolement naturel procuré par cette île peu peuplée, nous serons bientôt enfermés à notre tour. La seule question étant de savoir quand.

Coucher de soleil sur l'église du Bon-Berger, sur la rive du lac Tekapo.

LE SLOW TRAVEL EN FAUTEUIL, C'EST POSSIBLE ?

Le concept de « slow travel » consiste à savourer pleinement chaque moment du voyage, en transformant le trajet en une aventure aussi enrichissante que la destination elle-même. Cependant, voyager hors des sentiers battus, que ce soit à pied ou à vélo, peut s'avérer un défi de taille pour les personnes en fauteuil roulant. Voici nos trois conseils essentiels pour planifier votre voyage en toute tranquillité.

- HÉBERGEMENTS : LA CLÉ DE LA TRANQUILLITÉ
  Transformer le voyage en une aventure magique, c'est merveilleux ! Toutefois, cela peut aussi signifier affronter des imprévus et des obstacles, nécessitant une bonne dose d'énergie. C'est pourquoi il est essentiel de recharger vos batteries complètement chaque soir. Contrairement aux voyageurs marchants qui peuvent improviser en trouvant un hébergement de dernière minute ou en plantant une tente, cette approche est moins accessible en fauteuil roulant. Réserver vos hébergements à l'avance est donc une étape fondamentale pour voyager sereinement. Cela vous déchargera mentalement et vous assurera un contact en cas de problème, offrant ainsi des solutions potentielles en cas de besoin d'assistance pour terminer votre étape. En résumé : une démarche reposante !

- ÉQUIPEMENT : UN ALLIÉ DE CHOIX
  Le choix de votre équipement revêt une importance cruciale lors de votre voyage. Il peut être un atout majeur ou, au contraire, un fardeau. Prenez le temps de sélectionner soigneusement votre équipement en fonction de votre itinéraire et de vos objectifs. Optez pour un vélo couché, une troisième roue, électrique ou non, en fonction de vos préférences. N'oubliez pas que le voyage ne se résume pas au déplacement, il implique également des pauses (toilettes, repas, visites touristiques) : il est donc essentiel de rester aussi mobile que possible. Anticipez vos besoins en matière de transport de votre fauteuil roulant et de vos bagages, le nombre de transferts

quotidiens et les possibilités de rangement dans vos hébergements. À noter : trouver du matériel en location en France peut s'avérer compliqué à ce stade (deux options connues sont Locapino pour un tandem adapté et un service émergent de location de matériel chez Toolib). Pour maîtriser les coûts, envisagez également l'achat de matériel d'occasion (notamment sur des groupes Facebook comme Occasion handisport France) ou explorez des solutions de mobilité alternatives telles que la trottinette Omni (selon le type de terrain rencontré).

- TERRAIN : ANTICIPER POUR SE PROJETER
En France, les voies vertes et les pistes cyclables constituent un choix idéal pour une aventure en fauteuil roulant. Ces itinéraires souvent revêtus ou en dur, offrent l'avantage d'une excellente maintenance, et sont généralement fréquentés, garantissant ainsi la disponibilité d'hébergements et la présence de passants prêts à vous venir en aide en cas de besoin. Le seul inconvénient peut être la présence de barrières destinées à empêcher les véhicules de circuler, ce qui peut être gênant en handbike. Pour mieux planifier votre parcours, utilisez l'option « trajet à vélo » de Google pour avoir une idée du dénivelé (gratuit, bien que pas toujours 100 % précis) et consultez Google Street View pour explorer virtuellement votre itinéraire à venir, en identifiant les principaux obstacles à anticiper pour être parfaitement préparé !

Sortir des sentiers battus et des routes principales, prendre les chemins de traverse pour s'autoriser une pause à l'ombre des arbres, au détour d'un virage. Prendre son temps. Croiser sur son chemin des lieux et des personnes que l'on aurait manqués en cherchant à passer rapidement du point A au point B. Se laisser happer par l'instant, et profiter de chaque minute. Le slow travel, c'est tout ça et bien plus encore ! Alors n'hésitez plus : ça vaut bien un peu d'organisation !

RGK

Jusqu'au bout

23 mars 2020. Nous sommes seuls sur la route, sous une pluie battante qui ne nous a pas lâchés depuis le premier coup de pédale. Trempés, frigorifiés, nous pédalons de toutes nos forces vers notre dernière escale. Ce matin, nous avons quitté à contrecœur Te Anau et la beauté des fjords pour nous engager dans cette course contre la montre : dans un peu plus de 200 kilomètres, nous serons à Bluff. Il reste deux, peut-être trois jours. C'est possible. On peut y arriver, aller au bout de ce qu'on s'était promis de faire. En milieu d'après-midi, l'orage redouble de force et un vent de face se dresse contre nous, ralentissant notre progression. Nos muscles épuisés se battent contre les pentes et les éléments. Nous ne voulons rien lâcher, mais les routes couvertes d'eau deviennent glissantes, la visibilité est de plus en plus mauvaise. Après 70 kilomètres d'efforts, nous retrouvons Nico et décidons de mettre fin à l'étape : nous aurons besoin de nos dernières forces pour parcourir un maximum de distance le lendemain.

On ne capte pas sur l'île du Sud. Ou peu. Cette absence de réseau offre une déconnexion profonde, une possibilité d'échapper aux nouvelles du monde extérieur et à l'angoisse planante de cette pandémie d'un nouveau genre. Sur la route, pas de messages. Pas de notifications, d'annonces gouvernementales. Le tandem file sur les routes détrempées et la nature reste là, brute, majestueuse, indifférente. Comme si rien n'avait changé.

On profite du calme inhabituel de Milford Sound, le fjord du bout du monde.

Choc brutal

Nous ne le savons pas encore, mais cette journée sera notre dernière sur la route. Toujours ruisselants, nous nous garons dans la cour de la guest house que nous avons réservée pour la nuit à Tuatapere. Dans ce village de cinq cents âmes, rien ne bouge. La cloche de la porte émet un tintement sonore à notre entrée dans le bâtiment vide. Quand la propriétaire arrive enfin, elle nous jette un regard à la fois surpris et inquiet : elle a essayé de nous joindre toute la journée. Dans quarante-huit heures, la Nouvelle-Zélande entre en confinement total. Pour un mois. Au mieux.

Après 700 kilomètres, cette aventure extraordinaire prend fin ici, au milieu de nulle part. Le choc est brutal, mais nous n'avons pas le temps de l'assimiler. Il nous faut trouver un endroit où déposer le vélo, et un où nous confiner. Et vite. Ce n'est pas la fin qu'on avait imaginée, mais une certitude demeure : celle d'avoir tout essayé pour atteindre notre objectif. Les souvenirs, eux aussi, restent. Souvenirs de paysages, de galères, d'engueulades. Et souvenir de cette liberté intense, exacerbée par la fierté d'avoir appris à avancer, malgré le manque de préparation et les aléas du voyage.

L'AVENTURE

LOCALE

Sur les routes de France

31 juillet 2020. La coque du *Mare Inseme* glisse sur l'eau lisse de la Méditerranée. Le ciel sans nuage se reflète sur ce miroir au bleu éclatant, et on se laisse porter au gré des voiles qui se gonflent par intermittence, cherchant un souffle d'air sur lequel s'appuyer au cœur de l'été corse.

Le rythme est lent dans le golfe d'Ajaccio, mais nous ne sommes pas pressés. Après de longues semaines de confinement, on se délecte de chaque seconde passée sur ce bateau adapté, qui se pilote entièrement à la main. Tous nos sens en éveil, nous nous laissons envelopper par cette liberté retrouvée : tout semble nouveau, et tout est plus intense. L'odeur iodée qui nous chatouille les narines, la chaleur du soleil sur notre peau, le clapotis des vagues sur la coque…

Tourner une page

Un mois que nous sommes en Corse. Notre exaltation à retrouver les plaisirs de la découverte n'a pas faibli. L'île de Beauté semble vouloir tenir toutes ses promesses : des roches dorées de Piana au coucher du soleil aux falaises blanches de Bonifacio, des eaux turquoise des îles Lavezzi aux sinueuses gorges de la Restonica. En cinq semaines, nous survolons en parapente la baie de Calvi, plongeons au pied des remparts de Bastia… et sommes chaque jour éblouis par les merveilles naturelles de l'île, malgré des chemins de randonnée pour le moins difficiles d'accès en fauteuil.

Itinérance à vélo sur le canal des Deux Mers.

Cela semble évident désormais : nous ne terminerons pas notre tour du monde. En tout cas, pas de la manière dont nous l'avions planifié. Le monde semble se réveiller d'un long cauchemar, mais les frontières restent fermées. Après le choc de la pandémie et de ce confinement (dont nous ne savions pas encore qu'on l'appellerait « le premier »), tout paraît incertain, changé. Même si les frontières rouvraient demain, nous ne serions pas prêts à repartir. Il est trop tôt.

Continuer à expérimenter et à transmettre

Malgré cette nouvelle donne, nous ne pouvons pas nous résoudre à renoncer aux objectifs qu'on s'était fixés avec Wheeled World. Mais il ne nous reste plus

beaucoup de temps : les congés que nous avons tous les deux posés se termineront à la fin de l'année et il nous faudra retrouver le chemin du travail. Ces semaines entre quatre murs auront eu une vertu : elles nous ont permis de prendre du recul sur l'arrêt brutal de ce « projet d'une vie ». Cet amarrage forcé est bien peu de chose au vu de la situation mondiale et on s'estime chanceux d'avoir pu profiter au maximum des grands espaces néo-zélandais avant de retrouver le couvert de notre appartement parisien. Nous avons bien sûr un pincement au cœur en pensant à ces voyages qui nous attendaient en Afrique, puis en Asie. Mais nous sommes surtout déterminés : nous voulons continuer à expérimenter, et à transmettre. L'avantage de le faire en France est double : c'est plus près, et moins cher qu'un voyage au bout du monde. Et on peut s'y rendre en train ou avec son propre véhicule. Pour une personne en fauteuil, surtout si elle n'a pas l'habitude de voyager, ça fait moins d'obstacles à franchir. C'est donc en France que nous poursuivrons nos aventures, en attendant de reprendre nos boulots respectifs, à la fin de l'année.

QUEL EST LE PAYS LE PLUS ACCESSIBLE ?

En tant que voyageurs en fauteuil, nous avons très souvent entendu la question. Nos interlocuteurs sous-entendaient fréquemment que la France est très en retard sur l'accessibilité au sens large. Mais l'accessibilité n'est pas binaire et la réponse est bien plus complexe qu'il n'y paraît.

En premier lieu, parce que l'expérience d'un voyageur ne sera jamais celle d'un local. Bien que les infrastructures disponibles pour le tourisme soient souvent liées à l'état d'esprit d'un pays vis-à vis du handicap – et donc de l'accessibilité –, il peut exister des différences majeures au niveau de l'accessibilité entre les infrastructures du quotidien (administrations, accès aux soins ou à l'éducation...) et les infrastructures touristiques. À Paris, par exemple, on est bien plus sûr de pouvoir accéder facilement à un musée qu'à un cabinet médical.

D'autre part, parce qu'un pays est un ensemble vaste et souvent hétérogène. On peut avoir une expérience extraordinaire dans une ville et se retrouver sans aucune possibilité d'accéder à une autre, ou à un espace naturel au sein du même pays. En effet, au-delà des politiques nationales (dont dépendent notamment les normes), l'accessibilité est souvent une question de mise en œuvre locale, pilotée par les collectivités lorsqu'elles en ont la volonté et les moyens, mais déclinée dans les établissements touristiques selon des niveaux variables d'intérêt et de connaissance de la part de leurs responsables.

Enfin, parce que l'accessibilité en voyage dépend de critères multiples : la capacité à se loger (accessibilité des hébergements), à se déplacer (accessibilité des transports) et à trouver des lieux et activités réalisables en fauteuil (accessibilité des restaurants, des parcs naturels, des musées et monuments, des expériences touristiques...). Une destination peut donc être parfaitement accessible du point de vue des transports en commun, mais n'offrir aucune possibilité de se loger dans un établissement réellement adapté ni de découvrir la région dans laquelle on se trouve, faute d'accès aux expériences et sites d'intérêt locaux.

Si on tient compte de tous ces critères, les pays anglo-saxons ont globalement une longueur d'avance. Les États-Unis, l'Australie, le Canada ou, plus près de nous, le Royaume-Uni en sont de bons exemples. En Europe, les Pays-Bas, l'Espagne (notamment Barcelone, Madrid et Séville), les pays scandinaves ou des villes comme Hambourg en Allemagne et Vienne en Autriche sont réputés pour être des destinations facilement praticables en fauteuil.

De manière générale, la question du transport reste néanmoins épineuse dès lors que l'on souhaite sortir des villes, et la capacité d'une personne à explorer un pays est souvent conditionnée au fait de se déplacer avec son propre véhicule, de pouvoir conduire un véhicule non aménagé ou de voyager avec une personne qui pourra le faire, l'offre de voitures de location adaptées et de transports en commun extra-urbains accessibles étant encore peu développée.

Gruissan
Secours

Les Éclaireurs

La journée sur le *Mare Inseme* est un nouveau déclic pour nous. Plus qu'une navigation, c'est une journée de partage avec des passionnés de voile mais aussi d'humain, prêts à tout pour ouvrir cette passion à ceux qui ne l'envisagent même pas. Naviguer à la voile quand on est en fauteuil, ce n'est pas simple. Être autonome pour piloter son bateau, encore moins. Pourtant, à force de travail et de convictions, Pierre Gins et son équipe de bénévoles ont rendu cette expérience possible.

Raconter nos découvertes

En France comme ailleurs, les initiatives inclusives sont locales, et trop peu connues. Si des passionnés rendent la voile accessible en Corse, d'autres expériences en pleine nature doivent exister, un peu partout sur le territoire : nous voulons les rendre visibles, faire en sorte que d'autres personnes en fauteuil puissent les trouver facilement... Dès la fin de l'été, nous repartons sur les routes pour aller à leur rencontre. *Les Éclaireurs*, notre série YouTube, permettra de raconter nos découvertes, afin que chacun puisse se projeter au mieux. Sur le blog, nous créons un annuaire pour les répertorier, dans lequel nous donnons les informations pratiques et la description de notre vécu.

Incroyables émotions

24 août 2020. L'été se termine et c'est en Auvergne que nous poursuivons notre voyage, avec l'association Magic Bastos. Au milieu des champs et des arbres, nous distinguons la surface de l'eau douce et calme d'un étang, qui tranche avec les sensations fortes que nous procure notre nouvelle découverte. Les doigts serrés autour du palonnier en bois, les bras en tension, Pierre fend l'eau de l'étang sur un sitwake, un wakeboard sur lequel est fixé un châssis qui permet aux personnes à mobilité réduite de retrouver les sensations de glisse sur l'eau. Les premiers départs sont violents : tractés par le câble qui nous emmène de 0 à 30 kilomètres/heure en quelques secondes, nous devons faire quelques plongeons tête la première avant de nous habituer aux règles d'équilibre qui s'imposent... L'apprentissage est exigeant, mais les émotions sont incroyables.

Stage de sitwake avec l'association Magic Bastos, au Natural Wake Park, dans l'Allier.

Week-end en mer

4 septembre 2020. À peine les courbatures digérées, direction l'océan. La Rochelle nous accueille avec ses embruns. À quai, l'*Estrella Lab*, voilier de 60 pieds, trône fièrement. À son bord, Olivia, son armatrice passionnée, nous attend pour un week-end en mer. La météo est clémente, mais le moteur fait des siennes : une avarie dès la première nuit nous oblige à rentrer au port. Pas de grand large pour cette fois, mais une émotion inattendue, celle, bouleversante, de voir la côte s'effacer jusqu'à disparaître complètement. Malgré le mal de mer qui nous saisit, nous sommes cueillis par cette sensation étrange de nous sentir minuscules face à l'horizon.

À l'assaut de l'écume

Prochaine halte, les Landes. Immenses plages, pins à perte de vue, odeur de résine chauffée au soleil. Si le surf est le sport local par excellence, on décide de s'orienter vers une initiation au waveski avec Julien, créateur d'All Water. Pagaie à la main, juchés sur une planche qui ressemble fort à un kayak, nous nous lançons à l'assaut de l'écume pour atteindre le line-up, cette zone d'où on peut scruter la houle au loin pour se préparer à la vague qui nous emportera à pleine vitesse, au ras de l'eau. Après plusieurs heures à lutter dans les vagues, nous terminons la séance épuisés… mais tellement heureux !

Le champ des possibles est immense

Swincar au Pays basque, char à voile sur les plages du Touquet, traîneau à chiens sur le plateau des Glières ou en forêt de Fontainebleau (sans neige), kayak, descente en FTT (fauteuil tout-terrain), rafting, parapente, plongée, paddle… les mois qui suivent sont d'une incroyable intensité. Chaque étape offre de nouvelles rencontres et de nouvelles expériences. Un concentré d'apprentissages et d'émotions, qui renforce en nous cette conviction : le champ des possibles est immense. Et quand l'accessibilité manque, l'humain et la créativité prennent le relais.

QUELQUES IDÉES D'ACTIVITÉS OUTDOOR À FAIRE EN FRANCE EN FAUTEUIL ROULANT

Avec plus ou moins d'adaptations nécessaires et existantes, les possibilités sont nombreuses en France pour pratiquer des sports en extérieur. Voici quelques exemples d'activités et la manière dont elles se déroulent. À noter : la plupart d'entre elles exigent d'être aidé(e) pour les transferts, éventuellement porté(e). Il faut donc trouver des personnes formées, ou a minima sensibilisées, et bien exprimer ses besoins avant de s'y rendre, afin qu'elles se déroulent au mieux. Pour savoir où et comment les pratiquer, rendez-vous sur notre blog www.wheeeldworld.org dans la section « Expériences ».

Bon à savoir : des tarifs préférentiels existent souvent pour les personnes en situation de handicap. Un bon moyen de vivre de belles expériences en maîtrisant son budget !

SUR L'EAU

- KAYAK
  Relativement simple à organiser, cette activité est de loin celle que nous avons le plus pratiquée. En mer, sur un lac ou une rivière calme, elle permet de profiter des paysages à son rythme. En eaux vives, elle offre des sensations fortes et un pic d'adrénaline tout en s'amusant. L'embarcation peut être posée sur la rive ou le long d'un ponton pour s'y installer. Si quelques clubs proposent des lève-personnes attachés à des potences ou des planches de transfert spécifiques, il est plus fréquent que le transfert se fasse avec l'aide de moniteurs : on est alors porté pour passer de son fauteuil au kayak.

  Pour la suite, il n'y a plus qu'à ramer avec une pagaie double, à deux ou en solo selon le type d'embarcation. À noter : pour les personnes qui ne peuvent pas tenir la rame, il est possible d'acheter des gants de préhension (à se procurer en amont de l'activité, ils ne sont généralement pas disponibles sur place). Si vous manquez d'équilibre, pensez à vérifier que l'assise dispose d'un dossier suffisamment haut. Les promenades en kayak peuvent être longues : prévoyez également des coussins en gel ou des mousses/tissus permettant d'éviter les appuis au niveau de l'assise et dans le dos.

  Sur le même principe, nous avons également pu tester la pirogue polynésienne sur le lac d'Aureilhan (Landes), en équipe cette fois-ci, et avec une pagaie simple (à utiliser sur un seul côté par rameur, contrairement à la pagaie double).

• PLONGÉE

Il est tout à fait possible de plonger lorsque l'on est en fauteuil roulant, et même de passer des niveaux pour descendre plus profond selon ses possibilités (a minima le premier). Quelques bateaux spécifiquement aménagés existent (avec lève-personne et potence), mais de la même manière que pour le kayak, la plupart des clubs embarquent manuellement le fauteuil (selon la place) ou la personne directement à bord. Un certificat médical peut vous être demandé pour vérifier que vous n'avez pas de contre-indication. Une fois cette validation passée, vous serez systématiquement accompagné(e) par un moniteur pour les baptêmes, qui vous guidera sous l'eau jusqu'à 6 mètres. Si vous ne pouvez pas bouger les jambes, pas besoin de palmes : il en existe cependant pour les mains, qui peuvent vous aider à vous stabiliser.

Attention à bien demander à votre moniteur de vérifier que vos pieds ne traînent pas sur les rochers ou coraux pour éviter les blessures si vous ne disposez pas de chaussons.

• SURF

Rien de plus grisant que de plonger dans les vagues pour une session de glisse ! Le surf est un sport complet, qui mêle déconnexion totale, sensation de liberté et effort physique. L'association Handi Surf a initié la démocratisation de cette pratique en formant plus de 120 clubs dans toute la France, des côtes du Nord aux plages de la Méditerranée, afin de permettre à tous de vivre cette expérience, quel que soit son handicap (mental, moteur, auditif ou visuel).

En se rendant dans l'une de ces structures, il faut généralement réserver un cours particulier : on est alors accompagné par un moniteur (ou deux si besoin). Installé dans un fauteuil Hippocampe, on rejoint la plage, puis l'eau. Le moniteur nous aide ensuite à nous hisser sur la planche, assis ou allongé selon les personnes et leurs possibilités. Les degrés d'autonomie varient en fonction de l'expérience et de la force dans les bras : on peut être poussé au démarrage, pendant toute la glisse ou pas du tout si on peut pagayer efficacement avec les bras pour se lancer.

- WAVESKI

Entre le kayak et le surf, le waveski est une planche sur laquelle on se tient assis avec une pagaie double, pour surfer dans les vagues. À Mimizan, All Water propose de pratiquer ce sport dans l'océan grâce à des planches équipées de dossiers plus ou moins hauts selon les besoins, en tandem ou en solo : sensations garanties ! L'option en tandem permet également de profiter des sensations si on ne peut pas manier la rame : un sport ouvert à tous.

- VOILE

En mer ou sur un lac, la voile se pratique en fauteuil, sous différentes formes. Assis sur la toile d'un catamaran en Bretagne, dans un dériveur pilotable à la main en Corse ou dans les Landes, ou dans son fauteuil à bord d'un voilier plus grand, on peut vivre différentes expériences, avec différents degrés d'autonomie. Là encore, les transferts peuvent être assistés de plusieurs manières en fonction des équipements disponibles, mais toujours avec de l'aide extérieure.

- SITWAKE

Faire du wakeboard en fauteuil ne semble pas évident… et pourtant ! De nombreux wakeparks en France proposent désormais du matériel adapté, notamment grâce à l'association Magic Bastos qui équipe les sites, forme leurs équipes et les référence pour savoir où se rendre quand on veut en profiter. Sur une planche de wakeboard classique, on fixe une coque (équivalente à celle des fauteuils de ski) et un châssis.

On s'installe ensuite sur le ponton ou directement dans l'eau, on attrape le palonnier… et on se laisse tracter par le câble pour glisser à pleine vitesse ! Les plus expérimentés pourront même prendre les tremplins et réaliser d'impressionnantes figures, bien que cela demande un peu de pratique. À noter : ce sport nécessite d'avoir une bonne préhension et un peu de force dans les bras (il faut pouvoir lâcher le palonnier en cas de chute : les gants de préhension ne sont donc pas indiqués).

- RAFTING

Descendre les rapides à pleine vitesse procure des sensations magiques ! L'avantage des rafts : ils sont gonflables, et permettent donc une bonne stabilité. Installé à bord, on peut s'appuyer sur les boudins pour se tenir droit et ramer avec son équipe. Si le bateau se retourne ou qu'on tombe à l'eau, il faut en revanche accepter de se laisser dériver sur le dos vers des eaux plus calmes (avec gilet de sauvetage et casque, bien sûr) avant d'être à nouveau hissé à bord.
Une pratique physique pour toute l'équipe, mais terriblement divertissante si elle est pratiquée avec des encadrants expérimentés pour garantir la sécurité.

- STAND-UP PADDLE

Comme son nom l'indique, le stand-up paddle se pratique debout. Mais il est possible de revisiter cette pratique de différentes façons, bien que peu d'endroits le proposent de manière formelle. Si vous pouvez vous tenir assis(e) ou à genoux pour ramer, vous avez déjà la solution (attention à l'assise prolongée sur une surface dure : prenez vos précautions). Si en revanche vous avez besoin d'un appui pour vous tenir assis(e), plusieurs options s'offrent à vous, qui relèvent plus du bricolage que de la pratique « régulière ». La première : fixer un siège amovible de kayak sur la planche à l'aide de cordes, avec dossier. La deuxième : opter pour un paddle géant (prévu pour six personnes au moins) et y fixer un fauteuil Hippocampe ou un Tiralo pour vous y installer, ce qui vous permettra de ramer tout en restant parfaitement stable.

Attention : ne vous attachez jamais vous-même à ce dispositif. Si le paddle se retournait, vous ne pourriez pas vous dégager.

- CANYONING

Les structures proposant du canyoning adapté sont plus que rares à notre connaissance, mais elles existent ! À Annecy, notamment, il est possible de se lancer en rivière sur des parcours ciblés lorsque l'on est paraplégique ou amputé des membres inférieurs, accompagné de moniteurs formés et avec des équipements spécifiques selon les besoins : radeau gonflable, bouées...

SUR TERRE

- CHAR À VOILE

On file à toute allure, au ras du sol, sur d'immenses plages de sable dur : le char à voile est un excellent moyen de profiter du littoral français sans se mouiller (ou presque) ! Alliant technique pour maîtriser le vent et sensations de vitesse, il se pratique seul(e) ou en duo. Habituellement dirigé avec les pieds, le char à voile est proposé avec volant par certains clubs. On se transfère dans le char (généralement à hauteur d'assise), puis il faut gérer la direction, et la longueur de la corde pour orienter la voile et gagner de la vitesse. Si le vent tombe, une aide extérieure sera nécessaire pour pousser le char jusqu'à pouvoir repartir.

- VÉLO ADAPTÉ

Les pistes cyclables sont un terrain de jeu idéal pour tous en France, mais trouver du matériel pour en profiter n'est pas toujours évident. On peut se procurer son propre équipement pour se lancer dans des itinérances à vélo (le canal des Deux-Mers ou la véloroute de la Somme proposent par exemple des itinéraires plats, sans entraves pour les handi-cyclistes), ou des sorties à la journée.
À Capbreton dans les Landes, on peut emprunter un vélo permettant à une personne en fauteuil de s'installer à l'avant (sans possibilité de pédaler en revanche, il faudra être accompagné). L'entreprise Locapino propose également un tandem adapté à la location (le même que celui que nous utilisions en Nouvelle-Zélande). D'autres loueurs peuvent également proposer des options, mais ils sont aujourd'hui encore trop rares : la solution la plus simple (mais pas la moins coûteuse) reste d'acheter son propre équipement.

Descente en FTT
des pentes de Samoëns,
avec l'association
Un fauteuil à
la montagne.

Session de tandem-ski avec l'ANAE, à Pralognan-la-Vanoise.

• FTT

Le fauteuil tout-terrain est le cousin du VTT, adapté pour les personnes en fauteuil. Avec son siège fixé sur un châssis à quatre roues, il peut se pratiquer comme le VTT, sans moteur, en sport de descente (attention en revanche aux plats et aux remontées, car il est impossible de pousser seul(e) sur les roues : un accompagnant est indispensable). Des modèles électriques existent également, pour profiter d'une randonnée au calme à vitesse réduite ou d'une expérience plus engagée si on souhaite prendre un peu de vitesse. La pratique de cette activité requiert des chemins suffisamment larges pour laisser passer le véhicule, et un dévers limité pour ne pas risquer de se renverser. Plusieurs structures en proposent à la location, accompagnée ou non, dans les Alpes, dans les Pyrénées et dans les montagnes du Jura.

Dans le même esprit, il est possible de louer des Swincar dans plusieurs endroits en France et dans les pays voisins (la liste des loueurs est disponible sur le site swincar.fr). Cet appareil à moteur électrique présente les mêmes caractéristiques qu'un FTT. Un peu plus encombrant, il a la particularité d'être équipé de roues indépendantes les unes des autres, afin d'arpenter des terrains plus accidentés en conservant une position d'assise droite, ce qui améliore son équilibre. Il existe des modèles pour une ou deux personnes.

• HANDI-SKI

De plus en plus de stations et d'écoles s'équipent pour permettre à tous de profiter des plaisirs de la glisse en hiver. L'École de ski français (ESF) et l'école Oxygène disposent d'équipements et de moniteurs formés dans plusieurs stations. Des associations locales proposent par ailleurs des options pour skier assis en louant du matériel ou en étant accompagné. La pratique en autonomie requiert un apprentissage plus ou moins long selon les personnes, mais également une station handi-accueillante (infrastructures accessibles, formation des opérateurs de remonte-pentes…).

Différentes formes de ski assis existent, accessibles à tous types de publics.

- Le tandem ski est un système conçu pour qu'une personne en situation de handicap pratique le ski alpin en toute sécurité avec un guide. Il se compose d'un siège ergonomique, appelé « coque », où la personne est installée et maintenue grâce à des sangles. Ce siège est fixé sur un châssis posé sur deux skis larges et parallèles, garantissant stabilité et maniabilité. L'accompagnateur, placé à l'arrière, utilise des poignées ou des barres de guidage pour contrôler la direction et la vitesse, parfois assisté par un système de freinage intégré.

- Le dual ski est un équipement de ski adapté pour que des personnes ayant un handicap des membres inférieurs puissent skier en autonomie ou avec assistance. Il se compose d'un siège ergonomique monté sur un châssis articulé, lui-même fixé à deux skis. Le siège, appelé « coque », maintient le skieur en position grâce à des sangles, tandis que le châssis offre une bonne stabilité et une capacité de mouvement fluide. Pour se diriger et s'équilibrer, le skieur utilise des stabilisateurs, qui sont des sortes de petites cannes équipées de miniskis à leurs extrémités.

- L'uniski est un équipement en tout point semblable au dual ski. La seule différence : la coque repose sur un ski au lieu de deux.

- Le snow kart est un équipement adapté qui permet aux personnes en situation de handicap de profiter facilement du ski. Il est composé d'un siège confortable fixé sur une structure avec deux skis parallèles pour assurer une bonne stabilité. Le skieur peut contrôler la direction et la vitesse à l'aide de leviers placés de chaque côté du siège. Il est possible de pratiquer avec un accompagnateur, mais ce n'est pas obligatoire, car le snow kart est conçu pour être utilisé de manière autonome selon les besoins.

- Le GoToSki est un équipement qui permet à certaines personnes handicapées de skier debout, en toute autonomie ou avec l'aide d'un accompagnateur. Il ressemble à une trottinette montée sur deux skis parallèles, avec un guidon télescopique qui aide à maintenir l'équilibre et à diriger les skis. En inclinant le guidon, le skieur peut tourner et glisser, contrôlant ainsi ses mouvements.

- L'Eskaip est une luge de ski de fond conçue pour les personnes en situation de handicap moteur, notamment celles ayant des capacités suffisantes pour se tenir assises et maintenir leur équilibre. Elle est particulièrement adaptée aux personnes ayant des handicaps moteurs partiels, leur permettant de pratiquer le ski nordique en position assise.

- Bobsleigh : fans de Rasta Rockett ou simplement de sensations fortes, le bobsleigh est fait pour vous ! La station de La Plagne dispose de la seule piste de bobsleigh en France (créée pour les Jeux olympiques d'Albertville en 1992), et il est possible de vivre cette expérience hors du commun en fauteuil. Aidé par le personnel de la piste, on se glisse dans le bobsleigh (en première position pour bénéficier de l'appui de la personne de derrière si besoin), puis on dévale la pente à 80 km/h, accompagné(e) de deux ou trois autres passagers.

- Traîneau à chiens (avec ou sans neige) : on ne peut pas être musher quand on est en fauteuil. La position du pilote dans un traîneau à chiens est exigeante physiquement, et elle requiert de se tenir debout à l'arrière pour diriger et freiner. Mais il est tout à fait possible de profiter du plaisir de l'expérience en étant confortablement installé dans le traîneau ! C'est le cas par exemple sur le plateau des Glières (Haute-Savoie) au cœur de l'hiver, mais aussi, en plein été, dans la forêt de Fontainebleau. Pas de traîneau ici, mais un kart

Cours de ski avec l'école Oxygène, à la Plagne.

sur roues tracté par les chiens : un peu plus physique que le traîneau bien enveloppant – il vaut mieux se tenir dans les virages… –, mais l'expérience est tout aussi prenante !

- WCMX (Wheelchair Motocross)
C'est un sport urbain qui se pratique en skatepark. Il consiste à faire des figures, comme en skate ou en BMX, mais dans un fauteuil roulant manuel solide, conçu pour cette activité. En France, l'association Pratikable propose des initiations et des événements autour de cette discipline, idéale pour les amateurs de glisse urbaine et de sports extrêmes.

- GOLF
En fauteuil, on peut faire du golf… assis, ou debout ! Des fauteuils électriques spécifiquement conçus pour verticaliser le joueur permettent de se déplacer sur le golf en étant assis et de se lever pour taper dans la balle le moment venu. La liste des écoles de golf adaptées est disponible sur le site handigolf.fr.

DANS LES AIRS

- PARAPENTE
Planer dans les airs pour profiter de paysages féériques… un rêve qu'on a eu la chance de vivre deux fois, en Corse et à la Réunion ! Et qui est réalisable à plusieurs endroits en France, notamment (mais pas uniquement) dans les Alpes et dans les Pyrénées. Le parapente peut se pratiquer de deux manières : avec un fauteuil adapté à trois roues (deux grandes à l'arrière, et une à l'avant), ou sans fauteuil.

Ce sport est en revanche très contraint, par la météo d'une part, mais surtout par le poids de la personne et sa mobilité : sécurité oblige, on ne peut pas y aller sans tenir compte de ces facteurs. Il est possible d'apprendre à voler seul avec un fauteuil (le club-école Liberté Condition'Ailes, par exemple, propose des stages d'apprentissage), mais une aide sera nécessaire au décollage pour pousser afin que la toile se gonfle, et à l'atterrissage pour freiner et regagner son propre fauteuil. Dans le cas où le club ne dispose pas de fauteuil dédié et sous réserve que le moniteur soit formé et expérimenté, il est possible de sauter en tandem sans ce dispositif : le cas échéant, il faudra l'aide de plusieurs personnes pour porter lors du décollage (le moniteur court dans la pente pendant que la personne en fauteuil est assise dans la nacelle à l'avant). Et il faudra que la personne relève ses jambes à l'atterrissage, pour ne pas finir sur les genoux et pour limiter les risques de chute.

L'hiver, il est possible de décoller des montagnes avec un fauteuil de ski : la présence de ce dispositif ajoute en revanche du poids sous la voile, accentuant la contrainte et les risques – même si cela est possible, peu de décollages s'opèrent de cette manière.

Il est également possible de faire du paramoteur en fauteuil, au Pays basque ou dans la Vienne, par exemple. Le vol se passe dans un chariot à trois roues, sous une voile de parapente, et avec un moteur pour décoller et diriger le dispositif.

- PARACHUTE
L'approche est la même que pour le parapente, mais il n'existe pas de fauteuil dédié à cette activité. On peut sauter en tandem dans plusieurs clubs de France, sous réserve que son poids et sa condition médicale le permettent. Il faut accepter d'être installé dans l'avion sans son fauteuil, et le binôme fait le reste : il n'y a plus qu'à se laisser porter en chute libre.

- MONTGOLFIÈRE
Porté par un ballon, on contemple d'en haut le lever du soleil et les paysages qui s'allument peu à peu : un moment de contemplation hors du temps ! Certaines compagnies proposent des nacelles adaptées : une porte est creusée dans le bord de la nacelle, on s'y glisse pour profiter du vol assis dans son propre fauteuil (renseignez-vous bien sur les dimensions et le poids autorisés). D'autres n'ont pas d'équipement dédié, mais fournissent une aide au transfert et un système d'assise à bord, plus ou moins adapté. Il est donc possible de voler en montgolfière en fauteuil roulant. Comme pour toutes les activités aériennes, c'est la sécurité qui compte avant tout : les vols ne vous seront pas ouverts à n'importe quelle condition, appelez toujours la compagnie pour vérifier les possibilités avant de vous présenter devant la nacelle.

RGK

Changer de vie

20 janvier 2021. Les bulles d'air qui s'échappent de notre détendeur s'éparpillent en volutes blanches dans l'eau cristalline de la mer des Caraïbes. Sous nos pieds, les coraux grouillent d'une vie multicolore. On ne se lasse pas de regarder le ballet des poissons qui nagent lentement avant de disparaître en une fraction de seconde derrière une anémone. Nous réprimons notre envie de sourire pour ne pas boire la tasse. Nos regards se croisent et on fait un signe à Walter, le fondateur du club de plongée et notre moniteur du jour, pour lui signifier que tout va bien. L'eau est à 27 °C, le cadre idyllique… On aimerait que le temps s'arrête pour nous laisser profiter de ce rêve éveillé.

Pas pressés de rentrer

Depuis le 2 janvier, nous devrions être de retour au bureau. Mais nous sommes en Martinique pour plusieurs semaines, et déterminés à y vivre un maximum de belles expériences avant de rentrer en métropole. Les vols depuis le continent ont d'ailleurs été suspendus, et un nouveau confinement menace… Nous ne sommes pas pressés de rentrer. À la fin de l'année, nous avons échangé avec nos entreprises respectives. L'économie n'est pas au beau fixe, l'activité est encore au ralenti et les équipes en télétravail. Eux non plus ne sont pas pressés de nous voir revenir. Et puis il y a Wheeled World, ce projet qui devait se terminer… et qui décolle à peine.

La chance de pouvoir vivre de notre passion

Les vidéos des Éclaireurs ont attiré des curieux. Nos communautés sur les réseaux sociaux grandissent, et nous recevons chaque jour plus de questions sur les moyens de découvrir telle destination, de tester telle activité. En Martinique, Nico nous rejoint : un peu avant la Nouvelle-Zélande, il s'est mis à la photo. Et il se pose beaucoup de questions sur son boulot actuel. De notre côté, le projet associatif de l'année passée nous a permis de tester et d'éprouver un modèle... Pourquoi ne pas le transformer en activité professionnelle ? Assis sur notre terrasse, la montagne Pelée en toile de fond et un verre de planteur à la main, nous posons les bases de ce qui deviendra notre nouvelle vie. Nous voilà entrepreneurs.

La plage d'Anse noire n'est pas accessible en fauteuil par voie terrestre : on s'y arrête donc en bateau, le temps de nager avec une tortue et de faire voler notre drone.

Les premiers contrats arrivent vite, plus vite que nous l'aurions rêvé. En mai, on s'immerge dans les paysages féériques des montagnes, de Samoëns à Aix-les-Bains. Puis on découvre la côte d'Occitanie, ses barques catalanes et ses marais salants rose vif. Nous ne cesserons jamais de nous émerveiller de nos pérégrinations en France. Explorer l'île de Groix au printemps, les pistes cyclables du canal des Deux-Mers ou de la Somme en été, les pentes de lave du piton de la Fournaise à l'automne et celles couvertes de neige des Alpes en hiver...

Après avoir parcouru des milliers de kilomètres à l'étranger, nous sommes frappés par la beauté et la diversité des paysages qui défilent sous nos yeux. Il nous faut tout apprendre de ce nouveau métier aux multiples facettes. Le travail est considérable, mais on mesure chaque jour la chance qu'on a de pouvoir vivre de notre passion. Alors qu'on se plonge dans nos découvertes françaises, on apprend à apprivoiser le train, ce moyen de transport qui nous semblait si peu accessible, à une époque pas si lointaine. Au même moment, les frontières de l'Europe rouvrent peu à peu : on n'arrêtera jamais de voyager en France, mais on ne résiste pas à l'appel d'un nouveau terrain de jeu.

COMMENT PLANIFIER UN VOYAGE ACCESSIBLE EN FRANCE ?

Malgré une offre touristique inclusive grandissante, il est parfois difficile de trouver des informations exhaustives et centralisées sur l'accessibilité des destinations, tant sur les hébergements que sur les choses à faire ou à voir sur place... Pas facile, donc, de choisir l'endroit où on veut passer ses vacances !

CHOISIR SA DESTINATION

Voici quelques pistes pour se faire une idée globale de l'accessibilité d'une destination :

- LES BLOGS DE VOYAGE SPÉCIALISÉS
  Wheeled World bien sûr, mais aussi Handilol, Sans Limites Blog, On the Wheels... Si nous sommes les seuls à exercer ce métier à plein temps, d'autres voyageurs partagent leurs expériences : une mine d'or pour trouver des informations vérifiées par les personnes concernées.

- UN LIVRE
  Publié aux éditions Michelin en 2024, le guide *Vacances accessibles en France* recense plus de 1 200 sites et activités adaptées pour les personnes à mobilité réduite. Lucie Fontaine, son éditrice, est elle-même en fauteuil roulant et a souhaité concevoir un guide complet et fiable pour vous aider à planifier vos vacances.

- DES SITES
  - Ceux des offices de tourisme des régions, départements ou municipalités peuvent fournir des informations sur l'accessibilité de leur offre (mais ce n'est pas toujours le cas). Si aucune section n'est disponible en accès direct, il faut parfois taper « PMR » ou « Handicap » dans la barre de recherche du site pour obtenir quelques résultats utiles.

  - Le site Tourisme & Handicaps (https://tourisme-handicaps.org/) permet de rechercher des établissements et des activités accessibles, selon le type de handicap et par département. L'avantage : le label apporte une information fiable, descriptive et objective de l'accessibilité. La limite : le site ne recense que les établissements labellisés. Il n'est donc pas exhaustif.

- UN LABEL
  Le label « Destination pour tous » (https://www.entreprises.gouv.fr/priorites-et-actions/proximite-et-territoires/renforcer-le-secteur-du-tourisme/destination-pour-tous) valorise les destinations touristiques permettant un séjour prolongé inclusif pour tous, en tenant compte des sites touristiques, de l'urbanisme, des transports et des équipements.

TROUVER UN HÉBERGEMENT

Réserver son hébergement est souvent une source de stress et une étape chronophage de la planification de son voyage quand on est en fauteuil.

• SITES, HÔTELS, ÉCHANGES DE MAISONS

– Les sites de réservation généralistes (Airbnb, Booking.com, Gîtes de France...) permettent d'accéder à une offre très large de logements, mais les filtres d'accessibilité manquent souvent de précision. Si les photos sont parlantes et que le propriétaire a bien renseigné les informations d'accessibilité, il peut être très simple de réserver son hébergement en ligne (mais les cas sont rares, donc l'offre restreinte). Dans le cas contraire, la réservation peut demander de nombreux échanges avec l'hôte et prendre un temps considérable, voire déboucher sur quelques déconvenues à l'arrivée si les photos n'ont pas permis d'évaluer les aménagements disponibles.

– Le site Toolib.fr recense des logements disposant d'aménagements pour les personnes en situation de handicap : il suffit de compléter son profil pour que le site ne propose que des hébergements disposant des aménagements correspondants, vérifiés par un(e) ergothérapeute.

– Côté chaînes hôtelières, si la plupart indiquent l'existence d'une chambre accessible, le descriptif des équipements est rarement parlant pour une personne à mobilité réduite : il est donc fortement conseillé de contacter directement l'hôtel par mail ou par téléphone pour confirmer les équipements disponibles.

– Enfin, il est possible d'échanger sa maison lorsque l'on est en fauteuil roulant, bien que l'offre soit réduite. Le site HomeExchange permet par exemple de filtrer les logements accessibles aux personnes à mobilité réduite.

SE DÉPLACER

Voyager en fauteuil sur les grands axes ne constitue plus un défi majeur. Entendons-nous bien : la charge mentale et les obstacles restent importants, les possibles mésaventures épuisantes et le choix des transports plus limité que pour une personne marchante. Mais des efforts conséquents ont été faits pour permettre l'accès aux trains grandes lignes et régionaux.

Contre toute attente, certains cars sont également accessibles aux personnes à mobilité réduite (exemple : FlixBus), mais la réservation et le trajet relèvent parfois du parcours du combattant.

• AVEC SON VÉHICULE

Pour ces raisons, de nombreuses personnes en fauteuil privilégient leur véhicule personnel pour partir en vacances. Cette solution présente plusieurs avantages :

- elle permet de transporter facilement son matériel et ses bagages ;
- elle préserve de la rigidité des horaires et des aléas des transports ;
- mais surtout, elle résout un problème de taille : la capacité à se déplacer une fois arrivé sur son lieu de vacances, difficulté majeure lorsque celui-ci n'est pas en milieu urbain.

La rupture de la chaîne de transport est un enjeu majeur d'accessibilité pour les voyageurs en fauteuil. L'hébergement peut être parfaitement adapté, les sites et expériences prêtes à accueillir tous les publics… Si les personnes ne peuvent pas relier l'un et l'autre, les efforts sont vains. Mais pour utiliser son véhicule personnel, encore faut-il avoir les moyens d'en acheter un, de le faire équiper pour pouvoir le conduire (les équipements spécialisés de conduite au volant peuvent coûter plusieurs milliers d'euros), de l'entretenir et de le garer au quotidien.

D'autres solutions doivent donc être envisagées pour permettre aux personnes en fauteuil de rayonner sur leur lieu de vacances :

- LES SERVICES TPMR (TRANSPORT DES PERSONNES À MOBILITÉ RÉDUITE)
  Ils sont mis en place par les collectivités pour pallier le manque d'accessibilité des transports publics habituels. Autrefois réservés aux résidents, ils sont désormais accessibles aux voyageurs de passage disposant d'une carte mobilité inclusion avec un taux supérieur à 80 %, ou d'une pension d'invalidité de troisième catégorie. La limite : les demandes sont nombreuses, et la disponibilité limitée ; il n'est donc pas évident de trouver un véhicule, et la capacité de même que l'autonomie de déplacement s'en voient réduites.

- LES LOCATIONS DE VOITURE
  En France, les loueurs traditionnels ne proposent pas de voitures adaptées ou adaptables (contrairement aux États-Unis ou au Canada, par exemple, dont l'offre n'est pas adaptée à tous mais a le mérite d'exister). Il est toutefois possible de louer un véhicule entre particuliers sur Wheeliz, un site dédié aux personnes en situation de handicap.

- LES TAXIS ET VTC ADAPTÉS
  Leur présence a été accentuée dans les grandes villes (notamment Paris) à l'occasion des Jeux paralympiques. Les limites : les trajets représentent un budget conséquent, et la capacité des voyageurs à les utiliser est conditionnée à la disponibilité du service, très aléatoire selon la région où il se trouve.

PROFITER

Avec l'ensemble des ressources mentionnées, vous devriez déjà avoir un bon aperçu de ce que vous pouvez faire facilement une fois sur place, selon vos besoins et contraintes. Entre les sites des destinations, les labels et les blogs, l'information est certes un peu éparpillée, mais elle permet de couvrir un large panel de lieux à visiter et de choses à faire.

Pour compléter ces informations, vous pouvez retrouver le détail de l'accessibilité de certains lieux sur différentes plateformes. Notre carte Mapstr « La Map handi-friendly » (disponible sur notre blog, elle recense plus de 1 200 hôtels, restaurants et activités) ou des sites Internet comme Jaccede.com vous fourniront des informations détaillées partout dans le monde.

Si vous ne trouvez pas votre bonheur ou que vous avez un doute sur l'accessibilité, le seul conseil vraiment fiable reste d'appeler directement le lieu dans lequel vous vous rendez, qu'il s'agisse d'un restaurant, d'une activité ou d'un site touristique. Cela demande un peu de patience et de pédagogie, mais fournir un maximum de précisions à votre interlocuteur sur vos besoins lui permettra de vous répondre au mieux.

AU RYTHME

DES RAILS

L'Europe en train

15 septembre 2024. La violence du vent de face nous empêche d'avancer. Les yeux plissés, nous tentons de distinguer la route à travers les gouttes qui s'accumulent sur nos lunettes. Cela fait plus de quatre heures que nous pédalons sous une pluie diluvienne, et notre équipement n'a pas résisté : nous sommes trempés jusqu'aux os. La tempête Boris est sur nous.

Sur nos vélos respectifs, on déploie des efforts désespérés pour atteindre notre étape du soir et se mettre à l'abri. À quelques mètres à peine de nos roues, le bleu du Danube tourne au gris brunâtre à mesure que le fleuve enfle. L'eau charrie des troncs de plus en plus impressionnants, qui défilent à toute vitesse avant de disparaître dans l'écume bouillonnante, au pied des barrages. La crue a commencé, et la puissance grandissante de ce fleuve qui se rapproche commence à nous inquiéter : il faut qu'on arrive à destination, vite.

Nous ne sommes plus qu'à quelques centaines de mètres de notre hôtel. Plus qu'une passerelle à passer pour rejoindre la rive… mais, le temps d'arriver à sa hauteur, la passerelle a disparu, avalée par la crue. Impossible de passer. Il nous faut faire demi-tour, chercher un autre itinéraire. Et croiser les doigts pour qu'on arrive avant la fermeture complète des barrières anti-inondations infranchissables qui se dresseront bientôt entre nous et Emmersdorf, notre destination.

RGK

L'aventure à portée de train

Cela fait quatre jours que nous avons commencé notre périple à vélo le long du Danube. Une première journée sous le soleil de fin d'été nous a permis de goûter à la douceur enveloppante de cette région d'Autriche. Partis de Passau, nous avons mis le cap vers Schlögen au fil des lacets bleus dessinés par le fleuve entre les collines vert sombre. La piste cyclable est parfaite, les paysages enchanteurs... Un moment suspendu, transformé en aventure épique par trois jours de pédalage sous une pluie ininterrompue. Une expérience différente, mais les aléas climatiques font partie du voyage... On a profité pleinement de chaque instant de cette aventure, du plaisir de l'effort dans l'adversité jusqu'au réconfort d'un copieux dîner au sec, satisfaits d'être arrivés au bout de chacune de nos étapes.

La Nouvelle-Zélande nous a donné le goût du « slow travel », cet art de voyager en prenant son temps, pour le voyage en lui-même plus que pour la destination. L'itinérance à vélo en est une illustration parfaite. Les longs voyages en train, aussi. En combinant les deux, on peut s'immerger dans des paysages

inconnus, tellement dépaysants et pourtant à portée de rail. Et nous avons la chance unique de vivre sur un continent sans frontières ou presque, avec le maillage ferroviaire le plus dense du monde… Un terrain de jeu exceptionnel !

20 septembre 2024. Les rayons de soleil nous chauffent le dos, terminant d'assécher le souvenir humide de notre mésaventure à vélo. Quelques jours plus tôt, nous avons dû abandonner la piste cyclable noyée sous presque 3 mètres d'eau : l'une des pires crues du siècle en Europe centrale. Sur les bords du fleuve, le réseau ferroviaire est inondé. Une bonne partie des axes routiers également. Barricadés derrière le mur de béton et de métal qui nous sépare des eaux déchaînées, nous patientons à Melk pendant deux jours avant de trouver une solution pour rejoindre Linz, 100 kilomètres plus à l'ouest. Là-bas, nous montons dans un train pour Salzbourg. On s'immerge désormais dans le cadre féerique des montagnes, dans le Tyrol autrichien… et sous un ciel radieux.

Vue spectaculaire sur les montagnes lors d'une randonnée accessible dans l'Alpbachtal, en Autriche.

PRENDRE LE TRAIN EN FAUTEUIL ROULANT

Le train est souvent une bonne alternative à l'avion pour les personnes en fauteuil roulant. Il y a généralement un peu plus de liberté de mouvement (notamment pour accéder aux WC pendant le voyage), pas de passage en soute pour le fauteuil, et des trajets qui relient directement les centres-villes. Mais l'accessibilité reste très variable selon les pays, les compagnies, et même les types de trains. Il est donc important de bien préparer son voyage.

EN FRANCE

- RÉSERVATION
  Sur le site SNCF Connect, vous pouvez signaler que vous êtes en situation de handicap et, si c'est le cas, que vous voyagez en fauteuil roulant (la carte Mobilité inclusion – CMI – peut vous être demandée lors des contrôles à bord). Une fois ces informations indiquées, le site ne vous proposera que des trajets compatibles avec votre demande, donc avec des gares accessibles et des trains qui disposent encore de places réservées aux personnes à mobilité réduite. Vérifiez bien, avant de réserver, que les dimensions de votre fauteuil sont compatibles avec les maximums autorisés (disponibles sur le site Internet de la SNCF).

  Si votre CMI comporte la mention « Besoin d'accompagnement », la personne qui voyage avec vous peut bénéficier d'un tarif préférentiel, voire de la gratuité (hors frais de dossier). Cela permet de limiter les dépenses en voyage, qui peuvent être élevées selon les trajets et les périodes.

- ACCÈS AU TRAIN
  Les modalités d'accès au train varient en fonction du modèle et des gares. Pour bénéficier d'un accompagnement en gare et monter à bord du train, il faut obligatoirement faire une demande d'assistance via le service Assist'en Gare (de nombreux trains ne sont pas à hauteur de quai, il faut donc une plateforme élévatrice ou une rampe pour y accéder). Cela se fait en ligne ou par téléphone, au plus tard vingt-quatre heures avant le départ.

  Le jour du voyage, il est indispensable de vous présenter au moins 30 minutes à l'avance au point d'accueil de la gare (les services d'assistance sont souvent peu flexibles, et arriver moins de 30 minutes avant le départ vous expose à un refus de prise en charge).

- LA PREMIÈRE CLASSE AU PRIX DE LA SECONDE
  À bord des TGV, les places PMR sont situées uniquement en première classe. Les voyageurs en fauteuil roulant voyagent donc en première, mais au prix de la seconde. Leur(s) accompagnant(s) (jusqu'à trois personnes) voyagent dans le même wagon. Les espaces de restauration sont inaccessibles en fauteuil (couloirs trop étroits et/ou marches pour accéder au wagon-restaurant) : il est parfois possible de se faire livrer son repas à sa place en commandant en ligne pendant le voyage ou en appelant le contrôleur (bouton d'appel disponible près des places PMR).

EN EUROPE, DEPUIS LA FRANCE

Le train ne s'arrête pas aux frontières ! De nombreuses compagnies proposent désormais des infrastructures accessibles et des dispositifs d'assistance en Europe : on peut donc voyager sereinement chez nos voisins, depuis plusieurs villes de France comme à l'intérieur des pays. Les modalités de réservation diffèrent selon les compagnies, il est donc bon de savoir où chercher les informations pour son voyage. Voici quelques exemples à connaître :

- TGV INOUI
  Il arrive que les TGV gérés par la SNCF traversent des frontières. On peut notamment réserver un train direct pour Barcelone, pour Bruxelles, pour le Luxembourg et pour plusieurs villes d'Allemagne (dont Berlin). La réservation se fait sur SNCF Connect, et la demande sur Assist'en Gare.

- TGV LYRIA
  Mêmes modalités de réservation que pour les trains de la SNCF, mais ces TGV desservent la Suisse ! Direction les montagnes, en première classe toujours et avec service à la place : le tout-confort !

- TRENITALIA
  Direction Milan, au départ de Paris et Lyon ! Des wagons spacieux, des espressos servis à la place, un accès au wagon-restaurant et des paysages féériques pendant la traversée des Alpes… Un voyage qui démarre bien !
  La réservation se fait directement sur le site de Trenitalia, et on réserve ensuite son assistance sur Assist'en Gare pour un départ de France. La compagnie assure également des trajets entre Paris, Lyon et Marseille. Depuis Milan, les connexions avec le Frecciarossa (le TGV local) sont simples et le service d'assistance SalaBlu est efficace pour rayonner dans toute l'Italie.

- EUROSTAR (Y COMPRIS EX-THALYS)
  Destination Londres, oui. Mais aussi la Belgique, l'Allemagne et les Pays-Bas (trains ex-Thalys) ! Toutes les réservations se font directement sur le site Eurostar. Dans les deux cas, on voyage en business, avec repas inclus. La demande d'assistance se fait via Assist'en Gare pour les trajets au départ de la France, et sur le site Eurostar pour les autres. Le gros avantage de la compagnie : les tarifs (très raisonnables) sont fixes par destination, pour la personne en fauteuil et son accompagnant ! Un vrai avantage quand on veut voyager en Europe à petit budget, quelles que soient les dates. Mais la distinction entre l'Eurostar « historique » (celui qui va au Royaume-Uni) et les ex-Thalys est importante.

- EUROSTAR « HISTORIQUE »
  - Les espaces à bord sont larges, et on voyage installé dans son propre fauteuil.
  - Une autorisation de voyage électronique (ETA) est désormais obligatoire pour les citoyens européens qui voyagent au Royaume-Uni.

- EUROSTAR « EX-THALYS »
  - Les espaces à bord sont plus restreints. Il est possible de se transférer dans un siège ou de rester dans son fauteuil.
  - Attention : les WC sont étroits dans ces trains. Vérifiez bien les dimensions autorisées pour votre fauteuil avant de partir.
- DEUTSCHE BAHN (DB)
  Le réseau de trains allemand permet de réserver ses trajets à l'intérieur du pays, en ICE (le TGV local) ou sur les trains régionaux. Il est donc important de le connaître si vous voyagez vers une destination qui n'est pas desservie par Eurostar. Pour réserver, il suffit d'aller sur le site de la DB (version en français disponible) : une adresse mail est à votre disposition sur la page d'accessibilité pour réserver vos billets avec vos accompagnants.
- RENFE
  Certains trains espagnols partent de plusieurs villes du sud de la France (à partir de Lyon) pour desservir les principales villes ibériques. La réservation se fait directement sur le site Internet de la Renfe (version en français disponible), sur lequel on peut indiquer qu'on voyage en fauteuil roulant. L'assistance se réserve via Assist'en Gare pour les départs depuis la France, et via l'application mobile «Servicio de Asistencia» (disponible uniquement en espagnol et en anglais) pour les trajets en Espagne.

TRAIN ET VÉLO

Si le transport multimodal est bien développé chez certains de nos voisins européens, il reste balbutiant en France, notamment sur les grandes lignes. Dans les deux cas, il se complexifie lorsqu'on parle de transporter des handbikes dans le train : ils sont plus encombrants qu'un vélo classique, souvent non ou peu démontables, et doivent être transportés en complément d'un fauteuil roulant personnel… L'espace limité à bord ne permet pas aujourd'hui de répondre à ces contraintes.
Pour toutes ces raisons (ainsi que pour des raisons de simplicité pendant les étapes), nous avons opté lors de nos itinérances pour :

- un équipement moins encombrant qu'un handbike pour Pierre (Tribike, roue avant avec maindalier qui se fixe directement au châssis du fauteuil) ;
- la location de vélos sur place pour Myriam ;
- lorsque c'est possible, des sociétés de transport de bagages spécialisées qui peuvent acheminer notre matériel entre les étapes.

Cette configuration nous permet de planifier sereinement nos voyages en train pour parvenir à destination, en évitant les difficultés liées au transport aérien (risque de casse de la roue avant, transport de la batterie…).

Aux quatre coins de l'Europe

17 avril 2023. Les murs du tunnel plongé dans le noir défilent à toute vitesse, à quelques centimètres derrière la vitre. Un bruit de klaxon retentit alors que le train sort du tunnel, dévoilant sous nos yeux ébahis les paysages spectaculaires des Alpes. Dans le lac qui s'étend à perte de vue, on ne voit que le reflet des imposants sommets qui l'entourent, immobiles. Nos yeux se plongent dans ce cadre enchanteur : on prend le temps de contempler les œuvres naturelles qui se succèdent au fil du voyage. Prochaine étape : Milan, puis Bologne, et un périple de plusieurs jours à travers la Toscane.

Place à l'adaptation

Cela fait trois ans que nous parcourons l'Europe, et le voyage en train nous conquiert chaque jour un peu plus. Installés confortablement, nous nous laissons glisser le long des rails dans des paysages changeants. Le temps n'est pas long : on dort, on travaille, on contemple... sans interruption. Sans passage de sécurité. Sans attente

interminable dans un terminal, et surtout, sans le stress d'être séparés du fauteuil. Bien sûr, tout n'est pas parfait. Il nous arrive d'être en difficulté. D'attendre une assistance qui n'arrive pas, ou de se demander comment traverser les voies, quand nous sommes bloqués par un ascenseur en panne. Mais les galères en train laissent plus de place à l'adaptation. Elles sont souvent moins insurmontables, moins définitives. Voyager en train quand on est en fauteuil a cet avantage : plus on expérimente, plus on réalise que les dispositifs d'assistance permettent de circuler sereinement, sur une bonne partie du continent. D'autant plus quand on n'est pas seul(e) et qu'on a un fauteuil manuel : à plusieurs, on se débrouille toujours pour trouver une solution.

Des activités accessibles

La richesse de l'Europe est infinie. Tout en formant un ensemble où l'on voyage sans frontières, elle offre une diversité de paysages, de cultures, de gastronomies dont on se délecte à chaque fois. Partout, des lieux et des activités accessibles se cachent. Il faut souvent chercher, creuser, expérimenter. Ces initiatives sont, la plupart du temps, très locales, peu connues. Mais, partout, des passionnés innovent pour rendre leurs activités plus ouvertes aux personnes en situation de handicap.

blokart

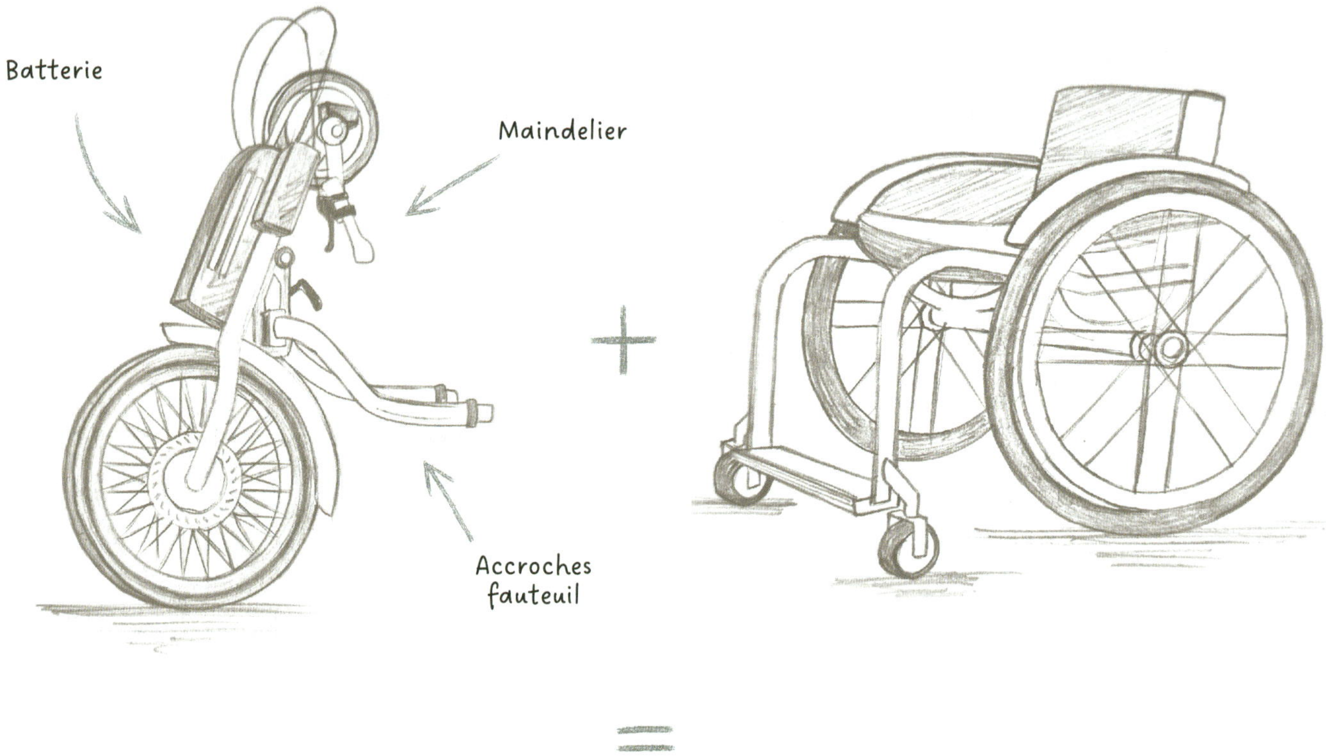
Batterie
Maindelier
Accroches fauteuil
+
=

ULTRA

Parapente, vélo, promenades

En Belgique, on découvre le charme des bords de Meuse près de Namur, et on décolle en parapente pour un vol au-dessus des campagnes verdoyantes. Aux Pays-Bas, on s'immerge dans l'effervescence de Rotterdam et le calme des pistes cyclables au pied des moulins, avant de filer à pleine vitesse en char à voile sur les plages de l'île de Vlieland. En Allemagne, on se laisse séduire par le charme des stations balnéaires de la mer du Nord et par une promenade sur les plages, à la découverte de son écosystème. En Catalogne, on sillonne les pistes cyclables de la Garrotxa et on explore les villages médiévaux…

On prend le temps, on prend conscience

On ne vit pas en France comme on vit chez nos voisins. Dans un monde où l'immédiateté est de mise, où l'on peut parcourir des milliers de kilomètres en un claquement de doigts pour aller passer son week-end dans une capitale étrangère, il nous est facile d'oublier ce que nous avons à découvrir et à apprendre de ces différents modes de vie. Prendre le temps d'un trajet en train, c'est aussi s'accorder un sas de décompression. Un temps pour prendre conscience de la distance géographique qui nous sépare, et se mettre en condition pour se dépayser. Un moment de coupure, pour mieux aller à la rencontre de ceux qui vivent là où nous serons de passage.

Se réveiller ailleurs

5 juin 2024. Au cœur de Londres, la gare d'Euston fourmille de monde. Travailleurs en costard et voyageurs en short se mêlent en une foule compacte dans les larges couloirs, et nous nous frayons tant bien que mal un passage pour parvenir jusqu'au quai. Au bout de la galerie, on distingue la silhouette du train qui se dessine en contrejour dans le soleil couchant. Pour la première fois, on s'apprête à monter dans un train de nuit. L'embarquement se passe sans encombre : l'équipage installe une plateforme élévatrice, on entre dans le wagon. À gauche, une large porte laisse entrevoir des sanitaires parfaitement aménagés. Quand la porte suivante s'ouvre, on voit apparaître un lit, un lavabo et, fixée au mur, une planche qui fait office de bureau et de table à manger. L'espace est suffisant pour être à l'aise et on s'installe confortablement, impatients de découvrir l'expérience d'une nuit à bord. On frappe à la porte pour nous déposer un menu : le wagon-restaurant n'est pas accessible depuis notre emplacement, le dîner sera servi en cabine. Après un copieux repas, on se glisse entre les draps. Bercés par le bruit des rails, nous ne tardons pas à fermer les yeux… pour les rouvrir à Glasgow, quelques heures plus tard.

Un roadtrip
à la découverte de l'Écosse,
ses paysages verdoyants et
ses châteaux en ruines.

Vol en parapente
au-dessus de la
campagne wallonne.

LE TRAIN DE NUIT ACCESSIBLE EN EUROPE

« Les trains Intercités de nuit ne sont pas accessibles aux utilisateurs de fauteuils roulants. » Malgré la rénovation récente du parc de trains de nuit en France, c'est ce qu'on peut lire sur le site Internet de la compagnie, en 2025. Vingt ans après l'adoption de la loi d'accessibilité, dix ans après sa date officielle d'application. Cette loi prévoit pourtant – entre autres – l'accessibilité universelle dans les transports. Malgré cela, en France, quand on est en fauteuil, on ne peut pas prendre un train de nuit français…

En Europe, au global, l'offre accessible sur ce type de transport est très limitée. Quelques compagnies font heureusement exception, proposant des wagons pensés pour permettre aux personnes en fauteuil roulant de profiter des avantages du train de nuit… Notamment: ne pas avoir à poser un jour de congé supplémentaire pour le trajet, et économiser l'hébergement pour la première nuit du voyage (on ajoute à cela la sérénité de savoir que son premier hébergement sera accessible, quand on sait à quoi ressemble l'aménagement du wagon).

Voici quelques exemples de compagnies ou de lignes qui proposent des cabines de nuit accessibles en fauteuil roulant :

- ÖBB Nightjet. Cette compagnie autrichienne est celle qui a l'offre accessible la plus complète en Europe à ce jour. Depuis la France, on peut prendre un train de nuit pour Berlin (Allemagne) ou pour Vienne (Autriche). Elle opère également des trajets entre différents pays européens, comme les Pays-Bas, la Suisse, l'Allemagne, l'Italie et la Belgique.
- Au Royaume-Uni, le Caledonian Sleeper permet de relier Londres à différentes grandes villes d'Écosse. Le Night Riviera Sleeper effectue le trajet entre la capitale et Penzance, sur la pointe située à l'extrême sud-ouest de l'Angleterre.

Dans les pays scandinaves :

- la compagnie suédoise SJ relie Stockholm à différentes villes du pays (Luleå et Malmö) et à Narvik en Norvège ;
- en Finlande, on peut aller en Laponie en train de nuit grâce à la compagnie VR, qui relie Helsinki à Rovaniemi et à Kolari ;
- les compagnies Vy, SJ Norge et Go-Ahead Nordic desservent différentes villes de la côte ouest norvégienne, depuis Oslo.

Selon les compagnies, les réservations peuvent se faire en ligne ou par téléphone. Toutes les informations sont disponibles sur les pages dédiées des compagnies concernées.

AU CŒUR

DU DÉSERT

Le Marathon des Sables

16 octobre 2023. Les quatre pieds et les trois roues de notre attelage s'enfoncent inexorablement dans le sable mou du désert du Sahara. Il n'est que 8 h 30, mais le soleil brûlant qui perce derrière les dunes et l'intensité de l'effort ont déjà trempé nos fronts. Centimètre par centimètre, poussée par poussée, notre équipe avance vers la montagne de sable qui se dresse devant nous. Au loin, on distingue les autres concurrents qui courent vers son sommet.

Beaucoup ont déjà passé la crête, pendant que les autres dessinent de petits points noirs dont les ombres s'allongent sur la dune dorée. Nous jetons un regard en arrière : la grande arche verte de la ligne de départ ne semble pas vouloir s'éloigner. Nous avons parcouru à peine plus d'un kilomètre en presque une heure, et le doute nous percute soudain de plein fouet : mais qu'est-ce qu'on est venus faire dans cette galère ?

EVADICT

TROIS JOURS D'ÉPREUVE DANS LA MAGIE DU DÉSERT DU SAHARA

(avec un jour de repos après les deux premières étapes)

ITINÉRAIRE PRÉVU

- Étape 1
  Boucle bivouac-bivouac
  Contournements motorisés : 3
  Distance maximale réalisable : 15 km
- Étape 2
  Aller simple sur une portion de l'étape de 60 km
  Contournements motorisés : 1
  Distance maximale réalisable : 25 km
- Étape 3
  Boucle bivouac-bivouac
  Contournements motorisés : 1
  Distance maximale réalisable : 25 km

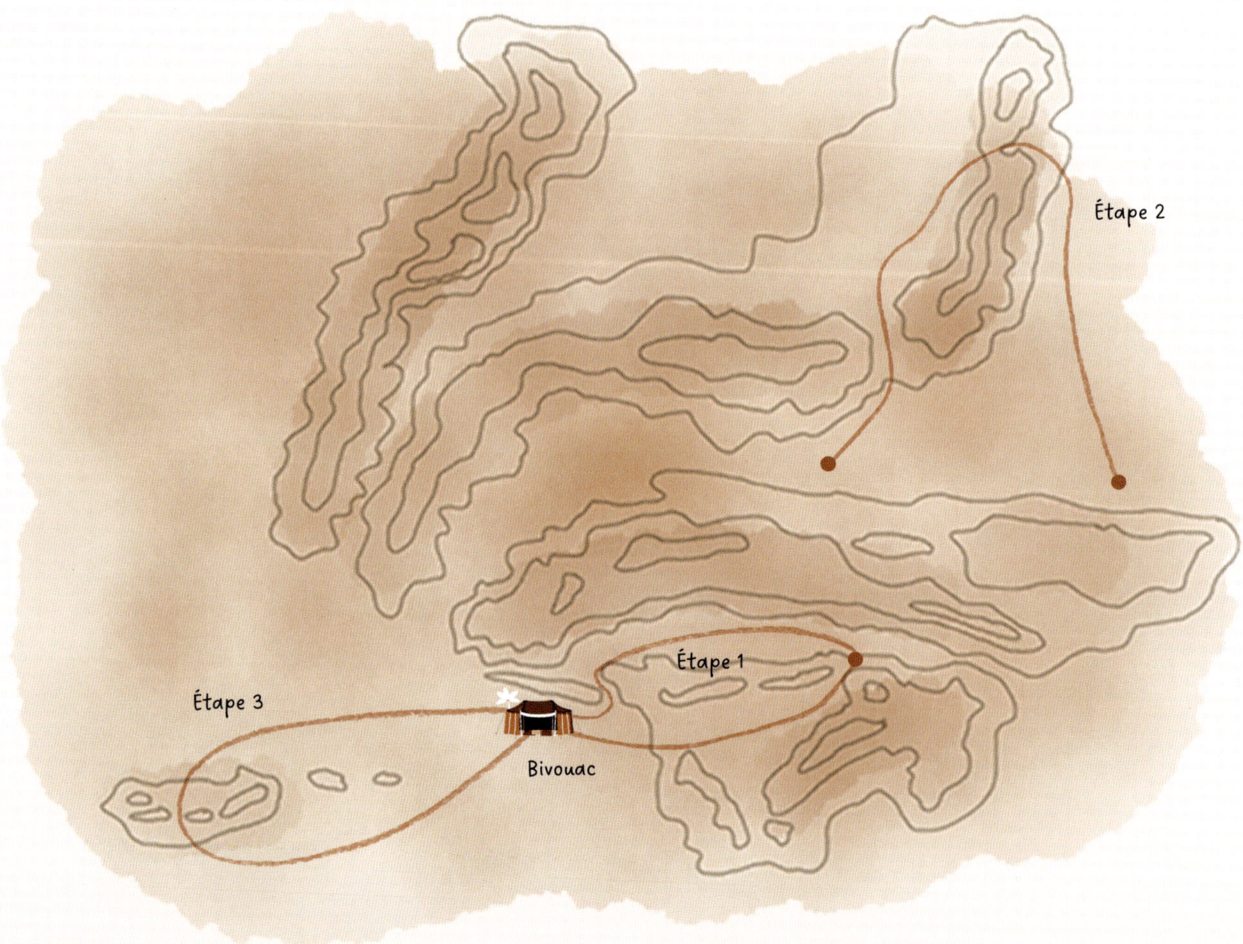

L'aventure d'une vie

Cela fait quelques mois que nous avons contacté l'organisation du Marathon des Sables. La version originelle de cette course mythique (MDS Legendary) est connue pour être l'un des ultra-trails les plus difficiles au monde : 250 kilomètres à parcourir en six étapes, en autosuffisance alimentaire, sous la chaleur écrasante du désert marocain. Depuis quelques années, la course a souhaité s'ouvrir à d'autres participants rêvant de vivre l'intensité de l'aventure, mais sur de plus courtes distances, plus abordables. La version MDS (Marathon des Sables) était née, proposant des parcours de 70, 100 ou 120 kilomètres en trois étapes, dans sept régions du monde. Sur leur site Internet, on peut lire : « Le Marathon des Sables, c'est l'aventure d'une vie, et elle est accessible à tous. »

Premier départ d'une personne en fauteuil lors d'un Marathon des Sables !

Un projet ambitieux

Accessible à tous, vraiment ? Il n'en fallait pas moins pour réveiller notre goût du défi (et, un peu, de la provocation). S'il y a une chose dont nous sommes certains, c'est que le sable et les fauteuils ne font pas bon ménage. Emmener un fauteuil dans le désert, c'est comme essayer de faire du vélo sur une plage de sable fin. On s'enfonce, jusqu'à s'enliser complètement : avancer demande des efforts considérables. Alors, parcourir 70 kilomètres en trois jours dans cet environnement… Le moins que l'on puisse dire, c'est que le projet est ambitieux.

Les contraintes d'un concurrent à mobilité réduite

Notre demande est simple : nous rêvons de vivre cette aventure, laissez-nous tenter d'y participer. Bien que simple en façade, cette question soulève en réalité des défis d'organisation en cascade : le choix du fauteuil, l'aménagement du bivouac, la gestion du risque de blessures et des températures extrêmes (les blessés médullaires rencontrent souvent des difficultés à réguler leur température corporelle), le repérage d'itinéraires réalisables, l'assistance en cas de problème sur la course… Sachant tout cela, nous nous attendons à un « non » franc et définitif de la part du MDS, course d'ultra qui rassemble chaque année plus de 500 participants par destination et dont la logistique est déjà un défi colossal, sans y ajouter les contraintes supplémentaires de concurrents à mobilité réduite.

De gros doutes sur la réception de notre demande

Nous sommes d'autant plus convaincus de la réponse que le monde de la course à pied est encore très fermé au handicap moteur. Ne serait-ce que pour les courses sur route, de nombreux règlements intérieurs stipulent que l'inscription n'est pas autorisée aux fauteuils roulants, pour des « raisons de sécurité » (route « trop étroite » pour les

fauteuils, dénivelé, « terrain accidenté » quand quelques mètres se courent sur terre battue…). Plusieurs de nos amis se sont déjà vu refuser l'accès à des courses sous prétexte qu'ils sont en fauteuil, alors que d'autres événements plus ouverts prouvent que cette situation ne crée pas de risque d'accident supplémentaire. Il suffit simplement d'être dans le bon sas (en premier si on a un fauteuil d'athlétisme, plus rapide que les coureurs debout, et dans le sas qui correspond à notre rythme d'entraînement quand on court dans son propre fauteuil), et que les autres participants regardent devant eux, ce qui – il faut l'admettre – est généralement recommandé quand on court, qu'il y ait des fauteuils sur le parcours ou non. Dans nos têtes, il semble évident que si la course sur route s'ouvre encore difficilement, ce n'est pas dans l'ultra-trail et ses terrains accidentés que nous trouverons un accueil chaleureux.

Ouvrir le MDS aux handis

13 février 2023. Nous ne sommes visiblement pas les seuls à avoir le goût du défi. Après plusieurs semaines sans nouvelles, nous recevons un message de Ferdinand, responsable de la communication du MDS : « Pouvons-nous prévoir un call pour en discuter de vive voix ? » Ce que nous ne savions pas, c'est que nous n'étions pas les premiers à avoir eu l'idée d'un Marathon des Sables en fauteuil. Cyril, le directeur de la course, en est convaincu : si demain il passait en fauteuil, il voudrait pouvoir y participer comme avant. Il faut donc ouvrir le MDS aux handis, mais un premier test dans le désert avec un fauteuil d'emprunt et des membres de son équipe le fait douter : l'envie est bien présente, mais au regard des efforts à déployer, est-ce vraiment réalisable ?

C'est à ce moment-là que Ferdinand reçoit notre message – la définition même de la synchronicité… Après quelques échanges, le projet est confirmé : avec Nico comme coéquipier, nous serons les premiers à tester le MDS Handi, en octobre 2023.

MARATHON
DES SABLES
WAA ULTRA
MARATHON
DES SABLES

DES SOLUTIONS CONCRÈTES

Les équipes MDS sont constituées d'experts absolus de la logistique, et des terrains sur lesquels elles organisent leurs courses. De notre côté, nous apportons notre connaissance du handicap et de l'aventure en fauteuil. C'est la rencontre de ces deux expériences qui permet d'imaginer des solutions concrètes aux défis qui se posent pour rendre un tel événement accessible.

Pendant les mois qui précèdent la course, nous étudions tout : les transports, les aménagements à prévoir sur le bivouac, l'équipement, les itinéraires…

À chaque problème, sa solution. Un fauteuil Marathon prêté par le constructeur Vipamat servira pour le test : les équipes du MDS l'utilisent lors de la reconnaissance pour dessiner des étapes réalisables en fauteuil dans les délais impartis, afin de respecter les limites horaires.

Trois itinéraires sont définis, avec l'objectif de suivre au plus près le tracé des autres concurrents, tout en tenant compte des contraintes liées au fauteuil.

Pour passer les dunes les plus hautes, il faudrait des équipes bien plus nombreuses. Comme c'est impossible dans ce contexte, un pick-up sera mis à notre disposition pour contourner l'obstacle le cas échéant.

Étape 1 : la désillusion

16 octobre 2023. Il fait nuit noire quand le réveil sonne. Dans le froid de l'aube, on s'extirpe difficilement de nos duvets pour enfiler nos tenues de course. C'est la première fois que nous dormons sous la tente depuis que Pierre est en fauteuil, et la première fois tout court que nous participons à un ultra-trail. Dossards, bâtons, eau, casquette saharienne, harnais, cordes, nourriture... la check-list est longue et chaque item a son importance : il ne faut rien oublier. Le manque d'expérience se fait sentir et nous mettons un moment à boucler nos sacs à la frontale, dans la lumière naissante du petit matin. Étouffés par le tissu épais de notre tente berbère, nous entendons derrière le bivouac les sons de la ligne de départ où se regroupent les autres concurrents, impatients d'en découdre avec la première étape. Nous sommes en retard.

Une aventure avant tout humaine

Alors que nous nous approchons de l'arche, la voix de Guillaume – l'iconique speaker de la course – résonne pour nous accueillir. Les regards d'abord incrédules se muent en un enthousiasme teinté d'admiration alors que les 500 concurrents déjà amassés sur la ligne de départ se retournent et s'écartent pour nous laisser passer. Ils forment à présent une haie d'honneur que nous empruntons, intimidés, sous un tonnerre d'applaudissements. Devant nous, le désert à perte de vue. Tout autour, une marée de visages souriants qui nous encouragent et nous remplissent d'une énergie nouvelle... Difficile de contenir notre émotion, on déborde de reconnaissance. Des larmes nous brouillent la vue : l'aventure est avant tout humaine, et elle commence ici.

Seuls dans le désert

7 h 30. « Highway to Hell » d'AC/DC retentit à plein volume dans les enceintes du camion : le départ est donné, et la cohorte de coureurs s'élance dans le sable, notre attelage en tête. Les 500 premiers mètres passent à une vitesse vertigineuse, bien au-delà de nos capacités d'endurance sur le long terme. Rachid, multiple vainqueur du MDS, a décidé de nous aider à nous lancer : il vole sur le sable, poussant le fauteuil sans effort apparent, avant de nous laisser avec un signe de la main pour aller courir son étape, qu'il terminera en première position. L'impact de son départ est immédiat et nous avons l'impression d'avoir percuté un mur tellement le freinage est brutal. Le sable mou en pente ascendante ne pardonne pas, et nous devons considérablement ralentir notre rythme. Plusieurs coureurs s'arrêtent et nous aident sur quelques mètres, mais nous les encourageons à continuer sans nous pour ne pas mettre en péril leur première étape déjà exigeante : ils auront besoin de toute leur énergie pour les 24 prochains kilomètres, généreux en dénivelé et sous une chaleur à laquelle les corps n'ont pas encore eu le temps de s'habituer. Très vite, nous nous retrouvons seuls.

MDS
MOROCCO
WAA ULTRA

Ne pas se laisser envahir par des émotions négatives

Après 1,5 kilomètre d'efforts et un record de lenteur, il faut nous rendre à l'évidence : le sable de plus en plus profond à l'approche de la dune ne nous permettra pas de poursuivre plus loin dans des délais raisonnables avec ce dispositif de trois personnes. Aidés par Hassan qui nous suivra pendant ces trois étapes, nous montons à bord de notre pick-up et contournons la dune jusqu'à la vallée suivante. Nous sommes frustrés par la faible distance parcourue sur ce premier tronçon. Après un départ euphorisant, parcourir si peu de kilomètres avant de devoir faire appel à une aide motorisée non seulement blesse notre ego, mais de plus bride l'énergie accumulée au pied de l'arche et que nous ne demandions qu'à dépenser. Soucieux de ne pas nous laisser envahir par des émotions négatives, nous nous tournons vers la suite : au milieu de la vallée, on aperçoit les tentes blanches du CP1 (le premier check-point de l'étape, qui sert en même temps de point de ravitaillement en eau et de lieu de pause à l'ombre des tentes).

Au son des applaudissements !

À mesure que nous nous en approchons, nous entendons les cris des équipes de la course qui nous ont repérés de loin et nous encouragent à pleins poumons. Les gilets orange (équipe médicale) et les gilets bleus (équipe d'organisation) déploient une énergie sans limites pour rendre l'expérience du MDS inoubliable. Aux petits soins, ils sont les premiers levés et les derniers couchés et assurent à la fois le déroulement de la course dans les meilleures conditions, mais aussi son ambiance : parvenir au CP au son de leurs applaudissements nous galvanise, et nous nous mettons à courir de toutes nos forces pour les rejoindre.

Les fauteuils Vipamat sont prêts à accueillir les dix concurrents pour le premier MDS Handi en 2024.

À l'assaut du sable

Nous n'avons pas vraiment eu le temps de nous fatiguer sur le début de ce deuxième tronçon. La vallée est roulante, et nous décidons de repartir aussitôt en direction de la dune suivante. Regonflés à bloc, nous nous lançons à l'assaut du sable qui mollit à nouveau à l'approche d'une nouvelle dune, convaincus de pouvoir aller chercher le plus de distance possible sur cette première étape identifiée par l'organisation comme difficile et peu accessible.

Frustrés par notre manque de performance

Malheureusement pour nous, le désert, ce n'est pas que du sable… Quelques kilomètres à peine après avoir quitté le CP, le fauteuil semble s'alourdir soudain et nous ralentissons encore malgré nos efforts. Contraints de faire une pause, nous identifions vite la coupable : une épine d'acacia longue de 3 centimètres s'est logée à l'intérieur du pneu et a déchiré la chambre à air. La roue est complètement à plat. Nous manquons de matériel pour réparer et l'heure avancée ne nous permet pas de nous en procurer assez vite pour poursuivre l'étape dans les temps. Sous la chaleur brûlante du milieu de journée, frustrés de cette étape bien trop courte, nous grimpons dans le pick-up et nous résignons à rentrer au bivouac pour attendre les autres concurrents. Dans la voiture, personne ne parle. Nous n'avons parcouru que 5 kilomètres et, sans que nul ne le dise, chacun connaît les questions que se posent les autres : cette course est-elle vraiment réalisable en fauteuil ? Les efforts déployés valent-ils la peine pour un aperçu aussi réduit de l'aventure ?

HIPPOCAMPE
MARATHON

CHOISIR L'EFFORT, COMBATTRE LA CONTRAINTE

Partager des aventures aussi intenses en fauteuil roulant, c'est parfois donner l'illusion que le handicap n'est plus un frein, que le quotidien est facile, l'accessibilité acquise, et qu'avec un peu de volonté, on peut toujours se débrouiller. C'est faux. Ce n'est pas parce qu'on choisit parfois l'extraordinaire qu'on échappe à l'ordinaire.

OCTOBRE 2023, DÉSERT DU SAHARA, MAROC

Avec mon fauteuil, je galère à rouler dans le sable mou. Je ne peux pas avancer seul, j'ai besoin d'aide, mais je m'en fous. Une chaleur étouffante, une roue crevée… je galère, mais j'ai choisi d'être ici, de me confronter à mes limites dans un terrain que je sais hostile. Je savais que ce serait compliqué. Ça se confirme. Mais j'étais préparé, j'avais envisagé ces possibilités et on avait trouvé des solutions. Et puis, pour vivre ces émotions, ça vaut tellement la peine…

OCTOBRE 2023, PARIS

J'ai un rendez-vous à 2 kilomètres de chez moi. Ce n'est pas loin, j'y vais en roulant dans mon fauteuil. J'ai de la chance, dans mon quartier, les trottoirs sont praticables : ça ne devrait pas prendre plus de quinze minutes. En tout cas… c'est le plan. Mais 500 mètres avant d'arriver, je roule sans les voir sur des morceaux de verre. C'est sans appel. Je me retrouve à plat. Pic de stress immédiat : si j'abîme la roue, ça va me coûter une fortune de la remplacer (1 200 euros la paire, quand même) ! Mais en même temps il faut bien que je rentre chez moi… Une belle galère avec une roue crevée !

Aujourd'hui j'avais plein de projets, dont un rendez-vous qui devait durer une heure, trajet compris. J'ai dû annuler mes engagements. Décaler mes projets. Attendre que Myriam vienne me chercher (j'ai de la chance, elle a pu se libérer). Prier pour que ma roue tienne, le temps qu'elle arrive. Monter dans la voiture (j'ai de la chance, on a une voiture). Attendre dans les bouchons, à dix minutes à pied de chez moi. Descendre de la voiture. Me transférer dans le canapé. Changer ma roue. Gonfler la nouvelle. Me re-transférer. Commander de nouvelles chambres à air, pour la prochaine fois où cela m'arrivera immanquablement.

Bref… tout, sauf ce que j'avais prévu. Je suis HS. Stressé. Contrarié. Ça ne semble rien, mais cela se cumule à toutes les petites galères, toutes les petites et grandes frustrations de tous les jours. Ce qui est difficile, ce n'est pas l'aventure, c'est cette accumulation au quotidien. Ces galères qu'on ne peut pas anticiper. Qui n'arrivent jamais au bon moment. Qui chamboulent tout notre programme. Qui créent une charge mentale omniprésente.

L'aventure, c'est un choix. Devoir trouver une place PMR (les trois précédentes étaient occupées par des livreurs, qui « n'en avaient que pour cinq minutes »), des toilettes accessibles (« Oui, on vous avait dit que le restaurant était accessible. Mais pas les WC, ils sont au premier étage »), avoir un fauteuil adapté (qui coûte parfois le prix d'une voiture) et du matériel de rechange, ça n'est pas un choix, c'est une obligation.

On ne peut pas éviter les galères du quotidien. Mais on peut offrir aux personnes en situation de handicap un environnement accessible, qui les soulage, dans un quotidien incertain, de la lourde charge mentale qu'implique la recherche constante de solutions alternatives. Ça ne fait pas tout, mais ça enlève déjà ça.

Partager des aventures aussi intenses, ça n'est pas dire que tout est facile pour les personnes en fauteuil. C'est faire passer le message que nous avons les mêmes rêves et les mêmes aspirations que vous. Et que, comme vous, nous voulons le droit d'avoir notre place et d'exister, malgré les contraintes de mobilité qui nous sont imposées. Il suffit simplement d'en tenir compte.

Étape 2 : l'espoir

17 octobre 2023. Depuis la vitre de notre pick-up, nous regardons la ligne de départ s'éloigner et disparaître derrière la dune. Les autres concurrents ne vont pas tarder à partir pour l'étape longue : 20, 40 ou 60 kilomètres les attendent selon le parcours choisi, mais nous ne nous alignerons pas avec eux ce matin. Notre itinéraire suivra la boucle de 60 kilomètres, sur la portion la plus roulante uniquement. Nous commencerons au kilomètre 17 en suivant un lac asséché pour éviter le bourbier du départ de la veille, puis nous devrons remonter dans le pick-up pour passer une dune peu haute mais étendue, jusqu'au CP3. Nous pourrons ensuite poursuivre notre route avant de nous arrêter pour de bon au CP4 : a priori, 15 à 20 kilomètres sont réalisables sur cette étape, selon la reconnaissance réalisée par l'équipe MDS.

Déterminés et impatients

L'étendue aride semble concentrer la chaleur qui s'accumule à mesure que le jour avance sur cet immense plateau baigné de soleil. Le sol craquelé témoigne de la présence ancienne d'un lac, mais il est aujourd'hui dépourvu de la moindre humidité : à part quelques crevasses formées par les oueds asséchés qu'il nous faudra contourner, le terrain est idéal pour rouler. Nous mettrons moins de deux heures à parcourir les premiers kilomètres. Déterminés et impatients d'avaler de la distance, nous avançons à notre rythme mais sans nous arrêter. Nous croisons les équipes du CP2, surprises de nous voir arriver aussi tôt, et les premiers concurrents – dont Rachid – qui nous dépassent en courant à une vitesse impressionnante sur ce terrain moins exigeant que le sable. Notre objectif est simple : avoir dépassé la dune avant les heures les plus chaudes de la journée pour essayer de la franchir sans assistance. Après nos déboires de la veille, nous voulons tout faire pour y parvenir.

Départ retardé

Nous sommes partis tard. Après avoir quitté le bivouac, nous avons tenté de prendre un raccourci avec le pick-up pour parvenir plus tôt à notre point de départ. En voulant passer par les dunes, Hassan a emprunté un itinéraire un peu trop direct dans le sable profond, et c'est le moment que le mode 4/4 de sa voiture a choisi pour rendre l'âme. Il a fallu désensabler les roues à la pelle pour pouvoir repartir. Rien d'exceptionnel dans le désert, mais ce contretemps nous a fait prendre un départ plus tardif que prévu et nous ne démarrons notre étape qu'à 10 heures.

20
ULTRA

L'équipement pour le MDS demande une préparation minutieuse et de gros efforts d'anticipation pour ne rien oublier.

Le défi de la chaleur et du sable

Il est donc 11 h 30 quand nous apercevons pour la première fois notre objectif, au détour d'un relief. À mesure que nous avançons, ses contours se dessinent plus précisément. Si la dune n'est effectivement pas très haute, une vision nous inquiète : un amas de pierres inégales et instables s'étend sur plusieurs centaines de mètres entre elle et nous, nous forçant à avancer en zigzag pour trouver un chemin qui limite les risques de chute ou de casse du fauteuil et des roues. Encaissée entre deux montagnes, la route de cailloux noirs concentre les rayons du soleil. Au moment le plus chaud de la journée, la chaleur est étouffante, l'effort intense et la concentration maximale : nous déployons toute notre énergie pour progresser dans ce dédale, avant de parvenir enfin au pied de la dune. Malgré la fatigue, nous en sommes pourtant certains : nous ne voulons pas remonter dans le pick-up. C'est la difficulté de la chaleur et du sable qui fait de cette course un défi, et c'est celui que nous sommes venus relever. Nous nous élançons dans le sable en direction du CP3 qui nous attend derrière la dune.

Un immense soulagement

Il n'y a pas d'ombre sur cette étendue aride, pas d'endroits où s'arrêter. Malgré de très courtes pauses pour boire quelques gorgées et grignoter des fruits secs, la fatigue nous gagne et nous avons toutes les peines du monde à avancer. Comme la veille, le sable et la pente entravent les roues et nous demandent des efforts considérables, risquant de nous épuiser tous les trois avant d'atteindre le CP. À la recherche d'itinéraires plus roulants pour préserver nos forces, nous rencontrons d'autres concurrents qui marchent, eux aussi harassés de chaleur après plus de 30 kilomètres de course. Ils acceptent néanmoins de nous aider. À six, nous progressons plus rapidement sur les 500 derniers mètres qui nous séparent du check-point, au prix d'efforts éprouvants. Il

est 14 heures quand nous atteignons enfin l'ombre des tentes, lessivés mais tellement reconnaissants de la solidarité des autres participants. Le soulagement est immense. L'eau fraîche versée sur nos têtes par les gilets orange fait redescendre la tension et nous ramène doucement à nous-mêmes.

Traversée sans encombre

La pause sera de courte durée : il nous reste 9 kilomètres pour atteindre le CP4, et la limite horaire est fixée à 18 h 30. Ne sachant pas ce qui nous attend, nous nous remettons en route, déterminés à terminer cette étape. Il y a peu de relief sur ce tronçon. Préférant un terrain caillouteux aux épines d'acacia qui se cachent dans le sable, nous nous éloignons un peu des balises pour les longer sur la piste qui serpente à quelques mètres. La traversée de la vallée se passe sans encombre, au rythme des discussions avec d'autres participants croisés sur la route. Alors que nous parvenons à un nouveau passage étroit entre les montagnes, nous apercevons le CP4. Dans notre enthousiasme, nous remarquons à peine les portions de sable plus profondes qui couvrent le chemin par endroits, et nous rejoignons les tentes sous les applaudissements.

Épuisés mais tellement heureux !

Nous sommes lancés. Après tout, on est là pour faire du repérage : pourquoi s'arrêter alors qu'il nous reste encore de l'énergie ? On prend quelques minutes pour étudier la suite de l'itinéraire : à part un très haut relief avant l'arrivée, le terrain ne nous semble pas insurmontable. On reprend donc notre attirail et on se remet en route.

Le soleil se couche quand nous atteignons la dernière et infranchissable dune. Épuisés mais tellement heureux de cette étape, nous remontons dans le pick-up et prenons la direction du bivouac, le sourire aux lèvres : nous aurons parcouru 25 kilomètres, sans assistance motorisée.

UN HARNAIS D'EXPÉDITION POLAIRE DANS LE DÉSERT

Utiliser un harnais d'expédition polaire pour aller faire du trail dans le désert, ce n'était pas une évidence. Et pourtant, ça fonctionne ! Au-delà du désert, ce harnais est notre compagnon de route pour de nombreuses aventures, dès lors que le terrain l'exige… et le permet.

À L'ORIGINE

Le harnais que nous utilisons est conçu pour tirer des pulkas, ces luges dont les explorateurs polaires se servent pour emmener leur équipement, souvent lourd et encombrant, dans la neige. Il permet à celui qui le porte de répartir le poids tracté sur le bassin et les épaules, afin d'optimiser les efforts en cas de charge lourde.

LE DÉTOURNEMENT

On utilise ce harnais depuis le début de nos aventures en pleine nature, à chaque fois que l'on doit fournir un effort prolongé. Notre objectif : aller le plus loin possible, en capitalisant sur nos efforts cumulés et en préservant les forces et la santé de chacun. Comme pour les pulkas, on attache des cordes à l'aide de mousquetons d'un côté au harnais et de l'autre à l'avant du fauteuil, pour créer un attelage composé de jambes, de bras et de roues. Si les terrains sont trop pentus ou les sols trop meubles (donc demandant un effort accru), une troisième personne peut pousser le fauteuil à l'arrière pour accompagner cet effort.

POURQUOI L'UTILISER ?

Les principaux ennemis d'un fauteuil roulant sont les sols meubles (sable, neige, galets…), dans lesquels les roues s'enfoncent, freinant son mouvement ou l'empêchant complètement d'avancer. Pour évoluer sur ces terrains avec un fauteuil manuel, une aide extérieure est indispensable : la personne qui la fournit pousse souvent le fauteuil par l'arrière, en attrapant les poignées s'il en dispose.

Selon le terrain, pousser à l'arrière du fauteuil se révèle être une position à la fois très intense et peu naturelle. La personne est pliée en deux (risque de blessures, essoufflement) et sollicite l'ensemble de ses muscles (effort intense). Une grande partie de la poussée repose par ailleurs sur les bras qui doivent rester contractés, alors qu'ils sont souvent moins puissants que les jambes chez une personne marchante. L'effort n'est donc pas toujours efficace et implique de nombreuses pauses ainsi qu'une distance limitée sur des terrains accidentés.

Avec le harnais, la position de la personne qui tire est plus naturelle : elle avance debout, dans une position de marche habituelle. La répartition du poids entre le bassin et les épaules limite les besoins de puissance pour le haut du corps, et l'effort est majoritairement porté sur les muscles des jambes, dont la puissance naturelle entraîne une progression plus efficace.

Le harnais est donc un excellent moyen de travailler en équipe en capitalisant sur les forces de chacun (les bras pour la personne en fauteuil, et les jambes pour son coéquipier). Il permet de doser les efforts de chacun selon son énergie et d'accueillir facilement un troisième coéquipier pour compléter la poussée et garantir la stabilité sur les terrains les plus difficiles.

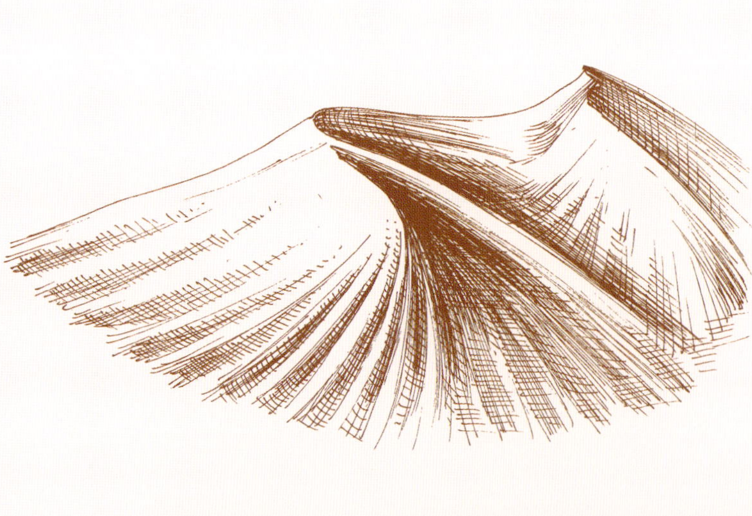

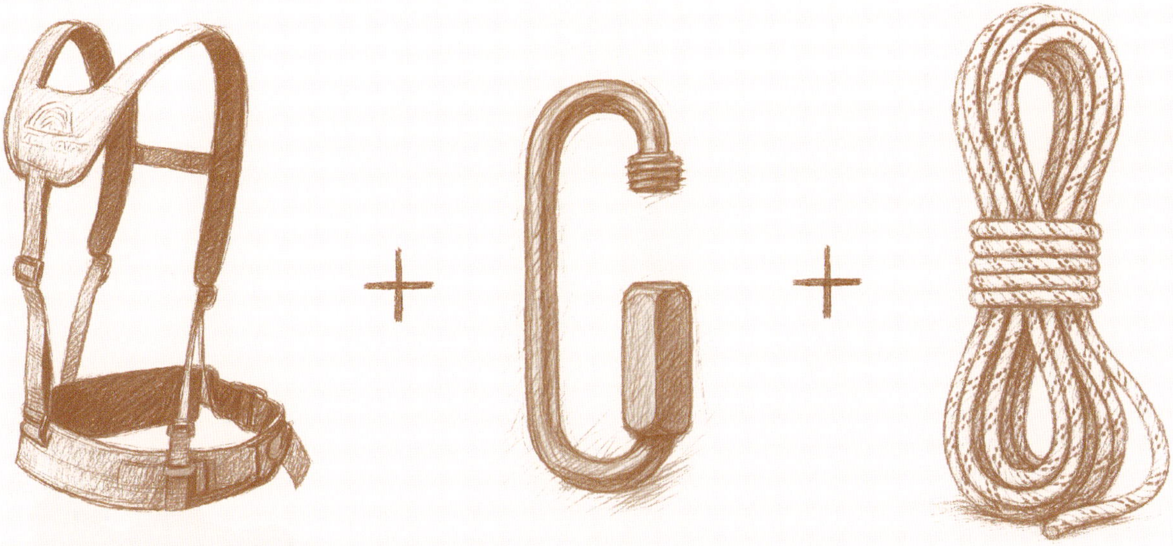

CE QU'IL FAUT SAVOIR

Si ce système a prouvé son efficacité lors de nos aventures, il exige néanmoins certaines précautions :

- une roue avant robuste est indispensable sur les fauteuils « de ville » pour préserver les petites roues des risques de casse. Dans l'effort, les petites roues peuvent se prendre dans un obstacle et risquent de ne pas résister à la traction en cas de blocage, il vaut mieux qu'elles soient surélevées ;

- l'utilisation de bâtons de marche et/ou de trail est recommandée pour la personne qui tire afin de conserver une position droite et de limiter la fatigue et les risques de blessures ;

- le harnais n'est pas adapté avec seulement deux personnes si les pentes sont trop raides : le fauteuil étant tracté par l'avant, il risque de basculer s'il est trop incliné. Une troisième personne est donc indispensable le cas échéant ;

- créer un attelage permet d'optimiser l'effort par le collectif, mais cela requiert de la coordination, et donc une communication constante au sein de l'équipe, et ce pour trois raisons :

  • premièrement, la stabilité : une traction trop forte peut perturber l'équilibre du fauteuil si elle n'est pas compensée par un effort de la personne assise dedans et/ou d'un pousseur. Il faut donc qu'ils y soient préparés ;

  • deuxièmement, la sécurité : un freinage trop tardif de la part de la personne en fauteuil ou du pousseur peut blesser celle qui tire à l'avant. Les changements de rythme doivent donc être anticipés et annoncés ;

  • troisièmement, l'efficacité : le rythme doit être adapté aux capacités physiques et énergétiques de chacun des coéquipiers. Si le ou les accompagnants courent trop vite, la personne assise dans le fauteuil ne pourra pas forcément pousser sur ses roues. À l'inverse, si la personne devant ou derrière ne tient pas le rythme, le dispositif n'a plus d'intérêt. Il faut donc être en phase sur les objectifs avant de partir, et s'assurer que le rythme reste tenable pour l'équipe en adaptant la vitesse ou l'organisation.

Étape 3 : le frisson

19 octobre 2023. C'est la dernière étape, et on part de nuit. L'air est doux, presque tiède. On se prépare en silence, le visage concentré, les gestes précis. On connaît la routine maintenant. Tout est calme. Mais à l'intérieur, l'excitation monte. On se dirige vers la ligne de départ à la lueur dansante de 500 frontales : le spectacle est féérique.

Faire l'étape complète

La veille, on a passé du temps à repérer le parcours pendant que les autres concurrents profitaient d'une journée de pause. On a étudié chaque portion, chaque type de sol. On sait que le sable est relativement profond malgré le terrain plat des premiers kilomètres, et qu'une énorme dune se dresse au milieu de l'étape. On sait aussi que si on y arrive après les autres concurrents, on sera seuls : la franchir à trois nous semble impossible. Ou en tout cas pas dans les temps. Alors on a construit une stratégie : on suivra le tracé officiel au départ, en profitant des émotions de la ligne de départ avec les autres... puis on bifurquera pour rejoindre une piste plus roulante qui longe le balisage officiel, au milieu de la vallée. Ce tracé enlève environ 1 kilomètre à l'étape, mais il nous permet de la faire sans assistance motorisée : on est déterminés à vivre la satisfaction d'une étape complète, départ et arrivée compris.

Encouragés par des sourires

Sur la ligne de départ, on retrouve les autres concurrents. Comme au premier jour, nous sommes submergés de gratitude : beaucoup ont entendu parler de nos précédentes étapes, d'autres pensaient que nous avions abandonné, ne nous voyant pas à l'arrivée les jours précédents. Tous nous sourient et nous encouragent encore, heureux de nous voir vivre avec eux cette aventure désormais gravée en chacun de nous. Comme au premier jour, AC/DC donne le départ. Et nous nous élançons dans la nuit.

Une vue à couper le souffle

Après environ 2 kilomètres, on bifurque pour s'engager sur la piste. La colonne de lumières s'estompe peu à peu alors que nous nous éloignons du groupe, laissant place aux teintes orangées du petit jour sur la ligne d'horizon. Notre course contre la montre commence maintenant, les 8 prochains kilomètres seront décisifs. Nous progressons vite, le silence rompu seulement par les quelques consignes que nous échangeons : « Plus à droite », « Attention, caillou », « On est en dévers, on décale ». On est à mi-parcours quand le soleil passe enfin par-dessus les dunes, embrasant soudain le désert d'une lumière orange vif, presque irréelle. La vue est à couper le souffle, et on prend le temps d'une courte pause pour réaliser la chance que nous avons d'être ici, à ce moment-là. Le temps semble s'arrêter, mais nous savons qu'il nous faut repartir : notre étape est devant nous.

710
711

Coéquipiers improvisés

Nous approchons de la dune, et on commence à distinguer les balises du tracé officiel qui se détachent sur le sol gris. On plisse les yeux dans la lumière pour vérifier que notre stratégie a fonctionné, et on a le bonheur de voir apparaître d'autres participants qui se dirigent vers cette montagne de sable. Pari tenu, on est arrivés dans les temps ! Le soulagement est palpable. En arrivant à son pied, nous voulons prendre une pause avant de nous engager dans l'ascension, que nous pressentons longue et difficile. Nous n'aurons pas le temps de le faire. En nous apercevant, huit coureurs et coureuses s'arrêtent à notre niveau. Ils nous demandent où s'accrocher pour nous aider, saisissent le fauteuil et les cordes, et on se lance à l'assaut de la dune. Il nous faut dix minutes pour monter. La pente est raide et nos pieds s'enfoncent dans le sable, mais emporté par l'enthousiasme et la puissance de la poussée collective, notre petit groupe se retrouve au sommet sans même avoir le temps de s'en rendre compte. Hilares, essoufflés, nous remercions nos coéquipiers improvisés et les laissons repartir, heureux d'avoir partagé ce moment fort avec des inconnus. Nous n'en revenons pas : une fois cet obstacle passé, la ligne d'arrivée semble enfin atteignable. L'idée de pouvoir faire l'étape complète semble se matérialiser.

Nous parcourons sans encombre la distance qui nous sépare du CP2. Chaque pas nous rapproche de ce rêve auquel on croit de plus en plus fort : plus que 10, 9, 8 kilomètres. Notre équipe s'enrichit de nouveaux membres en cours de route : après avoir retrouvé Laura, rencontrée quelques jours plus tôt, en haut de la dune, nous sommes accompagnés par plusieurs gilets bleus à partir du CP2 qui sera démonté peu de temps après notre passage – nous faisons partie des derniers participants en course. Le vent a forci depuis le matin, se muant en une véritable tempête. Le sable nous fouette les jambes et s'insère partout, nous forçant à protéger nos visages. Dans les dunes mouvantes formées par le vent, l'aide de nos nouveaux coéquipiers est précieuse, et nous maintenons un rythme inespéré.

À toutes jambes et à tous bras

La ligne d'arrivée est quelque part devant. On le sait, mais on ne la voit pas. Face à nous, une ligne droite interminable, noyée dans les colonnes de sable charrié par le vent. Quelques minutes après avoir dépassé le drapeau « dernier kilomètre », on l'aperçoit enfin. Floue, presque fantomatique, l'arche apparaît par bribes, entre deux bourrasques. À peine quelques centaines de mètres nous en séparent à présent, et on distingue la voix hachée de Guillaume qui félicite les finishers au micro. Un regard entre nous, un signe de tête entendu : on se met à courir de toutes nos forces, à toutes jambes et à tous bras, avec l'énergie qu'il nous reste.

Finishers du Marathon des Sables !!

À bout de souffle, couverts de sable et en larmes, nous passons la ligne d'arrivée sous la tempête, accueillis par Cyril et Ferdinand qui nous tombent dans les bras et nous passent la médaille tant attendue autour du cou. On a du mal à réaliser. La crevaison, les pentes de sable, les efforts interminables, la chaleur, les doutes... à cet instant, sous l'arche, tout disparaît. On est finishers du Marathon des Sables. Les premiers en fauteuil. Et c'est fou. Ne restent que cette joie brûlante, et les souvenirs. De ces moments partagés, de cette solidarité, et de ce que cette arche représente : une perspective nouvelle pour de nombreuses personnes à mobilité réduite sur le désert, l'ultra-trail, et l'outdoor, au sens large.

Émotions intenses sur la ligne d'arrivée, mélange de fatigue, de fierté et de reconnaissance.

CE N'EST PAS IMPOSSIBLE, JUSTE POSSIBLE AUTREMENT

Juin 2016, hôpital des Invalides

À travers les carreaux de la fenêtre, on contemple les feuilles des platanes qui jouent avec le vent. Après six mois d'attente, on sait enfin que cette période de rééducation touche à sa fin : la sortie est prévue dans un mois. On retrouve un nouveau chez-nous, une nouvelle vie, avec le fauteuil roulant comme compagnon incontournable de ce nouveau quotidien.

On est peu sortis ces derniers mois, et on a peur. Peur de ce qui nous attend. Peur du regard des gens. Mais surtout peur de cette frustration qu'on imagine quotidienne, de cette douleur de devoir faire une croix sur ce qu'on aimait dans cette vie qui semble appartenir à une époque révolue, si proche et pourtant si lointaine.

On en est convaincus : on ne pourra plus faire de sport. On ne pourra plus voyager. Plus partir en pleine nature. On ne voit pas comment. Ce qu'on n'imagine pas, c'est à quel point on se trompe.

Du Machu Picchu au Kilimandjaro, de la pagaie plongeant dans le lac glacé du Perito Moreno aux roues qui soulèvent un nuage de sable au cœur du désert marocain, chaque expérience vécue nous le prouve aujourd'hui, renversant nos convictions de l'époque, celles qui pèsent sur les personnes qui se retrouvent du jour au lendemain dans notre situation, et en créant une nouvelle : oui, on s'est trompés. Ce n'est pas impossible. Juste possible autrement. Et on a appris qu'« autrement » était synonyme de deux choses :

1. DES SOLUTIONS PRATIQUES
Il faut réfléchir constamment à des solutions de contournement pour pallier le manque de mobilité et d'accessibilité. De l'équipement, des coéquipiers, et un maximum de renforcement musculaire pour ouvrir de nouvelles possibilités. Mais soyons honnêtes, on n'a pas tous les mêmes contraintes, et donc pas tous les mêmes possibilités.

Handicap ou non, chaque personne est différente. Avec son contexte social et familial, ses capacités physiques, sa situation financière… C'est vrai, on ne peut pas tous tout faire. Mais on est convaincus qu'on peut tout essayer, si ça nous tient suffisamment à cœur.

2. UNE APPROCHE DIFFÉRENTE
Essayer ne veut pas dire réussir. Il arrive parfois que malgré tous nos efforts, on n'arrive pas à atteindre les objectifs qu'on s'était fixés. Mais chaque échec est une opportunité d'apprendre. De comprendre ce qui n'a pas fonctionné. Et de réfléchir à ce qu'on peut mettre en place pour que ça fonctionne la fois d'après, si on a envie d'essayer encore.

Dans les contraintes qui nous sont imposées, certaines sont immuables. On est en fauteuil, on doit faire avec. D'autres, en revanche, peuvent être repoussées, ne serait-ce qu'un peu.

Aujourd'hui, on ne se demande plus si c'est possible. La question qu'on se pose, c'est sur quelles contraintes on peut jouer pour aller le plus loin possible. C'est ce qui nous permet d'oser essayer. Et même en cas d'échec… on n'a jamais ressenti autant de bonheur à essayer.

MARATHON DES
MOROCCO · 3RD
MDS
MOROCCO
3RD EDITION 2024
PIERRE
20
ULTRA
SALOMON

Never stop dreaming

L'expérience du Marathon des Sables a une saveur unique. Pas seulement pour le défi physique, l'aventure humaine ou la beauté brute du désert. Mais parce qu'elle bouscule les imaginaires. Elle change les regards. Elle prouve, à grande échelle, que l'aventure est aussi accessible à ceux à qui on a toujours dit l'inverse. Le MDS Handi n'est pas une initiative symbolique, ni un « coup d'éclat ». C'est un tournant. Une dynamique durable, qui ouvre enfin les portes de l'ultra-trail à des personnes en situation de handicap.

Et le MDS ne fait pas les choses à moitié. Convaincus que chacun a sa place dans ce type de défi – à condition qu'on lui donne les moyens de l'occuper –, ils ont vu grand. En octobre 2024, nous sommes dix équipes à nous élancer pour un test grandeur nature dans le désert marocain. Dix profils, dix histoires, un même objectif : montrer que l'envie d'aventure existe bel et bien pour les personnes en fauteuil, et qu'elle mérite un terrain de jeu à sa mesure. Cette édition est hors du commun, et apporte

son lot de surprises et de défis. Pour la première fois en quinze ans, des pluies torrentielles s'abattent sur la région pendant la course, remplissant oueds et lacs et forçant l'organisation à revoir l'ensemble des parcours. Malgré les circonstances, les dix équipes sont finishers. Dix portes ouvertes pour les 20, 50, 500 équipes qui suivront. En 2026, l'aventure s'ouvre officiellement à tous, par équipes de quatre – une personne handi et trois coéquipiers qui se relaient. Le MDS met les fauteuils de course à disposition, adapte le bivouac, les transports, l'itinéraire. Tous les enseignements de l'édition test ont été intégrés pour créer une expérience à la hauteur, sans compromis.

Ce que Cyril et son équipe ont lancé – et à quoi nous sommes très fiers d'avoir contribué – dépasse largement les lignes de départ et d'arrivée. Le MDS Handi n'est pas juste une course, c'est un signal. Un appel à tous les organisateurs d'événements sportifs, en particulier ceux qui se déroulent en pleine nature : l'inclusion n'est pas une épine dans le pied, un risque qu'on hésite à prendre, c'est une richesse, une nouvelle manière de voir les choses. Et un catalyseur d'émotions pour tous.

ATAGONIA
SINCE

L'APPEL DU GRAND FROID

Le Canada en train

7 février 2025. Le front pressé contre la vitre de notre cabine, nous regardons défiler les plaines recouvertes de neige, bercés par le bruit régulier des roues qui glissent sur les rails. Cette immensité blanche balayée par les vents est hypnotisante. Dehors, rien ne bouge. Seuls quelques renards et des aigles à l'affût de leur proie viennent perturber le calme absolu, pendant que sous nos pieds le froid mordant forme des cascades de glace qui s'accrochent à la carrosserie métallique du train. Au loin se devinent les premiers reliefs des Rocheuses canadiennes : nous les atteindrons demain matin. Ou dans l'après-midi. Cela dépendra du nombre de wagons de fret qu'il nous faudra laisser passer sur ce chemin de fer à une seule voie, perdu au milieu du deuxième plus grand pays du monde.

Cette aventure, nous en rêvions depuis des années : cela fait maintenant une semaine que nous avons débuté la traversée du Canada en train, en plein cœur de l'hiver. De ce pays, nous ne connaissons que la beauté à couper le souffle des couleurs d'automne au Québec et la gentillesse incomparable de ses habitants. Si nous sommes revenus, c'est pour vivre une expérience

TROIS FABULEUSES SEMAINES AU CANADA

- **Étape 1**
  1 600 km
  Toronto-Winnipeg
  2 jours et 1 nuit
- **Étape 2**
  1 900 km
  Winnipeg-Jasper
  2 nuits et 1 jour
- **Étape 3**
  900 km
  Jasper-Vancouver
  1 jour et 1 nuit

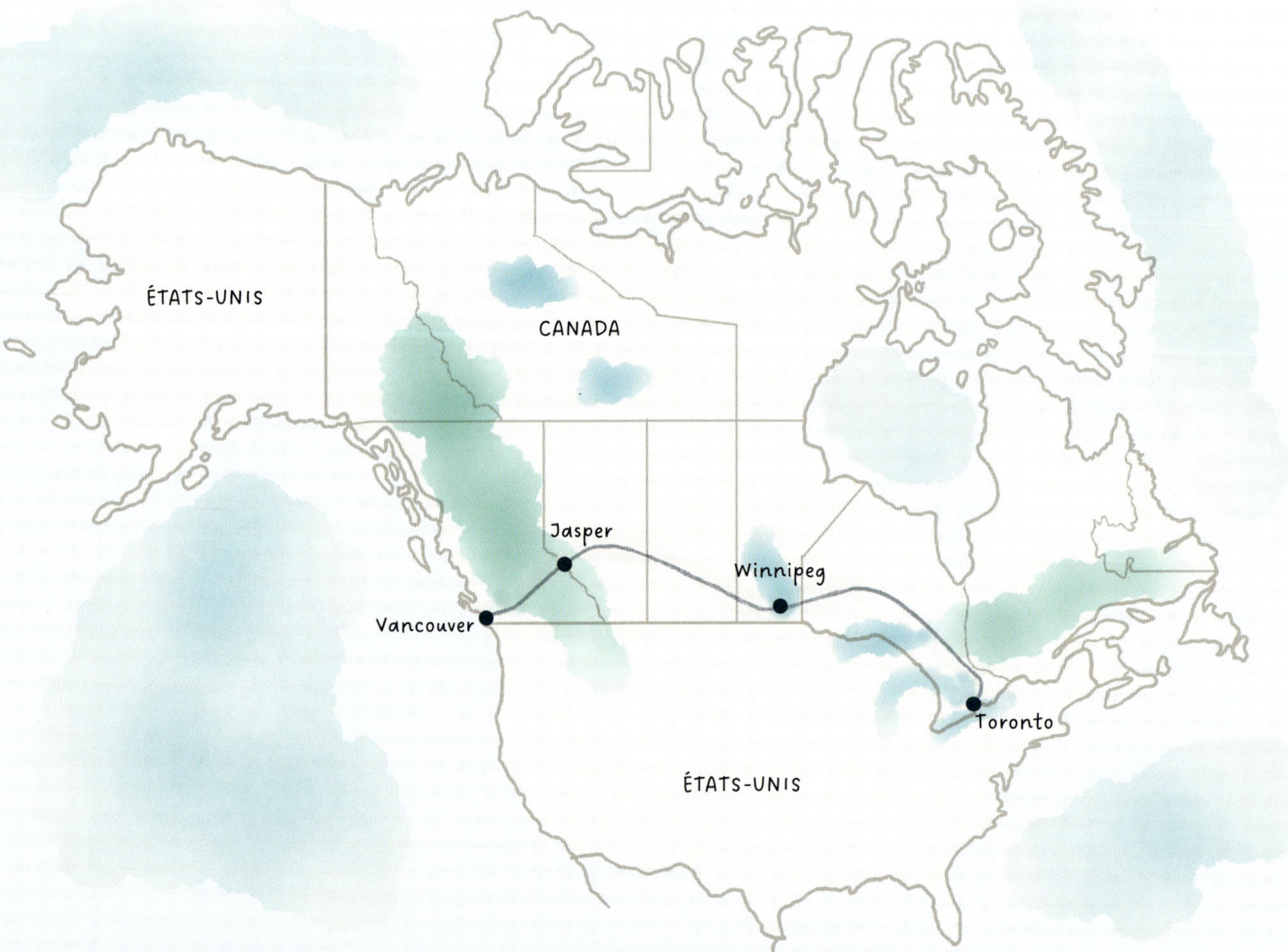

Faire face aux éléments

Des températures extrêmes, des étendues blanches à perte de vue, des sols recouverts de neige parfois, de glace souvent, ce climat inhospitalier nous fait peur autant qu'il nous fascine. C'est à ce paradoxe que nous voulons nous confronter.

Hostiles, les hivers du Nord exigent du vivant une adaptation de chaque instant. Les éléments décident, et il faut faire avec. Par moins 30 degrés, le froid est brutal, sans concession. Et le moindre courant d'air peut faire dégringoler en un instant la température ressentie. En ville, les chutes de neige créent des obstacles difficilement surmontables pour les personnes en fauteuil. Dehors, les risques de gelure ou d'hypothermie sont réels, et leurs conséquences dangereuses. L'immobilité, l'absence de sensibilité dans les jambes et les difficultés de régulation de la température corporelle ne font qu'accroître ces risques : de toute évidence, cet environnement extrême ne semble pas compatible avec nos contraintes.

Et pourtant... s'immerger dans ces paysages gelés, c'est la promesse d'une aventure intense, passionnante. Loin de nos repères, contraints de chercher les solutions qui nous permettront de nous adapter, nous voulons surmonter les obstacles de l'hiver pour profiter pleinement de la beauté brute dont il pare la nature. Un terrain de jeu enchanteur, et un défi que nous ne pouvons pas refuser.

Lac Louise, dans l'Alberta. Quarante centimètres de glace nous séparent de l'eau profonde du lac.

Baptême de glace en Norvège

C'est en Norvège que nous nous confrontons pour la première fois à l'aventure «grand froid». 7 mars 2024. Le vent en rafales hérissées de flocons gelés nous fouette le visage et transperce nos vêtements. Trempés et grelottants, les yeux plissés pour les protéger du froid, nous avançons délicatement sur les immenses plaques de verglas qui recouvrent la roche noire. À quelques mètres de nous, un globe d'acier nous surplombe de toute sa hauteur. Immobile dans la tempête qui se déchaîne, il est englouti par le brouillard avant de réapparaître, baigné d'une lumière orangée qui donne à ce décor des airs de fin du monde. Le souffle coupé par la beauté brute du lieu, nous contemplons les vagues déchaînées de l'Arctique qui s'écrasent sur la falaise, 300 mètres plus bas. Nous venons d'atteindre le mythique cap Nord, la dernière terre d'Europe avant le pôle.

Avec ses fjords surplombés de montagnes majestueuses, ses paysages verdoyants et ses maisons colorées, a Norvège nous a toujours fait rêver. Mais ce qui nous a convaincus de le découvrir en février, ce sont les aurores boréales, ces explosions de lumières vertes, rouges ou bleues qui strient les ciels noirs de l'hiver, au-delà du cercle polaire. Le froid, c'est un plus : une manière idéale de tester notre résistance et de nous confronter à de nouveaux défis pour vivre une belle aventure, dans un environnement qu'on ne connaît pas encore.

De beauté en beauté

Notre périple en Norvège démarre sur les îles Lofoten, à 150 kilomètres au nord du cercle polaire. La route serpente entre les montagnes escarpées, plongeant dans d'infinis tunnels avant de remonter sur les ponts vertigineux qui relient les îlots de l'archipel. Au détour de chaque virage se cache un trésor : une plage de galets battue par les vents, un village de pêcheurs aux maisons rouges et jaunes, un lac gelé d'un blanc immaculé... La nature omniprésente offre un spectacle grandiose, dont on ne se lasse pas. La densité démographique est 9 fois inférieure à celle de la France et l'on profite de la faible fréquentation hivernale pour s'immerger pleinement dans ces paysages préservés. Pour le froid, en revanche, on repassera : les moins 15 degrés habituels en cette saison ont laissé place à un redoux la veille de notre arrivée. Accueillis par la pluie, nous regardons la neige fondre doucement le long des parois rocheuses, découvrant goutte après goutte la pierre sombre des montagnes. À ce stade, ce ne sont pas les températures qui nous causeront des difficultés.

En remontant vers le nord, nous tombons sous le charme des Vesterålen. Du sommet de la montagne Storheia que nous atteignons en motoneige à l'atmosphère unique de Nyksund, le village de pêcheurs du bout du monde avec ses vingt habitants, nous nous laissons guider par les rencontres chaleureuses avec les locaux et profitons de chaque instant dans le calme absolu de ce paradis caché. C'est ici que le froid nous jouera ses premiers tours. Sur l'île d'Andøya, le vent cinglant de l'hiver a recouvert le sol détrempé d'une couche de glace de plusieurs centimètres. Quand on marche, pas de problème, il suffit d'enfiler des crampons. Mais pour le fauteuil, c'est une autre histoire. Les roues cross dérapent sur le verglas à une vitesse folle, nous forçant à faire des détours pour trouver des chemins plats ou secs et éviter une chute brutale. Impossible de descendre une pente dans ces conditions ! La prochaine fois, on fera des recherches plus poussées sur ce qui existe pour les roues du fauteuil… On apprend !

Des émotions à revivre

Nous reprenons notre route vers le nord : direction Tromsø, l'une des grandes villes les plus septentrionales du monde, la « porte d'entrée de l'Arctique ». Construite en territoire sami, cette ville de 75 000 habitants revêt des airs de camp de base où se côtoient chasseurs d'aurores boréales et explorateurs des pôles, en pleine préparation de leur expédition. Moyennement heureux de retrouver la ville après notre bain de nature sauvage dans les îles, nous sommes finalement conquis par l'effervescence qui y règne. Cette escale restera un souvenir impérissable : enfin rattrapés par le froid, nous nous perdrons dans des paysages enneigés à la rencontre des Samis et de leurs élevages de rennes. Nous y verrons aussi nos premières aurores boréales, submergés par la sensation bouleversante d'être infiniment petits face à une nature immensément puissante.

Après quelques jours en ville, nous embarquons à bord du *MS Trollfjord*. Long de près de 140 mètres, ce navire de la compagnie Hurtigruten (mot norvégien signifiant « la route rapide ») emprunte les routes navigables étroites qui longent les côtes à travers les fjords jusqu'à Honningsvåg, dernier port avant le cap Nord que nous rejoindrons en car (contre toute attente : 100 % accessible).

La tête chargée de souvenirs et emmitouflés dans nos doudounes, nous nous tenons sur le pont, laissant nos yeux se perdre dans l'ombre des montagnes qui se découpent sur la ligne d'horizon encore éclairée. Comme un au revoir, des aurores boréales éclatent soudain et se mettent à danser, illuminant le ciel de cascades de lumière verte. Le cœur serré, nous sentons l'émotion nous envahir et nos yeux s'emplir de larmes. Dans quelques heures, nous repasserons le cercle polaire en direction du sud. Prochaines escales : Rørvik, puis Molde… Et enfin Bergen, d'où nous reprendrons l'avion pour Paris. Ce premier voyage au cœur de l'hiver se termine, mais une chose est sûre : nous voulons revivre ces émotions, un jour. Plus que jamais, nous sommes convaincus que nous sommes à notre place dans ces paysages féériques, ces grands espaces sauvages et ces aventures longues, en itinérance. Le froid n'a pas été aussi présent que nous ne l'aurions imaginé, mais ce que nous avons pu toucher du doigt nous attire d'autant plus : il est temps de planifier notre prochain projet hivernal.

ROULER DANS LA NEIGE : QUELLES SOLUTIONS ?

Comme le sable, la neige est un terrain hostile pour les fauteuils roulants. Voici quelques conseils (et avertissements) pour partir serein(e) et bien équipé(e) dans le froid de l'hiver.

• SI LA NEIGE EST PROFONDE
Une seule solution fiable : les skis ! Dans une neige profonde, les fauteuils électriques comme manuels risquent d'être bloqués et endommagés (au niveau du moteur pour les premiers, et des roues ou de leurs axes pour les seconds, avec la force de poussée de la neige dans les virages). Si vous voulez randonner dans la neige, un équipement spécifique de ski ou une luge adaptée vous seront indispensables.

• S'IL Y A DU VERGLAS
On ne le savait pas avant notre séjour en Norvège, mais il existe des pneus à clous pour fauteuils roulants manuels ! Vous trouverez votre bonheur chez certains fournisseurs de pneus de vélo (Schwalbe, notamment). Vérifiez bien les dimensions avant l'achat (diamètre et épaisseur de la roue, souvent indiqués en pouces). Un peu d'aide peut néanmoins rester nécessaire pour assurer l'équilibre : assurez-vous que votre coéquipier(e) dispose de crampons le cas échéant pour éviter les glissades collectives.

• SI LA NEIGE EST PEU PROFONDE
Les roues cross (plus larges, avec des pneus VTT crantés) donnent une meilleure stabilité et une meilleure adhérence aux fauteuils manuels sur la neige. Attention : le froid très intense peut endommager le caoutchouc, notamment s'il présente des signes d'usure (fissures ou pneus lisses). Avant de partir, assurez-vous que vos pneus sont en bon état et privilégiez un caoutchouc résistant au froid.

Comme pour tous les terrains accidentés, nous recommandons une roue avant robuste pour éviter que les petites roues butent dans la neige. Moins polyvalents mais très efficaces, les Wheelblades de Tessier offrent une bonne alternative si vous êtes certain(e) d'avoir de la neige pendant toute la durée de votre séjour (patins à clipser sur les petites roues pour glisser sur la neige, comme des mini-skis).

Rouler dans la neige peut être fatigant : n'hésitez pas à demander de l'aide pour préserver vos épaules. Sur de longues distances (randonnées), on vous recommande de répartir l'effort grâce à un harnais d'expédition polaire fixé par des cordes à votre fauteuil. Cela permet de cumuler un effort de poussée depuis le fauteuil à un effort de traction par votre coéquipier(e), dans une position plus naturelle pour préserver les forces de chacun.

Si vous souhaitez partir avec une motorisation, un petit avertissement : les risques de glissade et de chute peuvent être accrus par des obstacles cachés dans la neige. En côte, les roues motorisées ont tendance à patiner sur les surfaces glissantes. L'autonomie des batteries peut par ailleurs être limitée par le froid : pesez bien le pour et le contre avant d'emporter un équipement motorisé parfois lourd et encombrant.

Malgré la hauteur du train, l'embarquement se passe sans problème.

Plonger dans un autre monde

2 février 2025. Alors que nous passons sous les majestueuses colonnades de l'Union Station à Toronto, nous apercevons pour la première fois les wagons gris métallisé du Canadien qui luisent sous la lumière timide du petit matin. Inauguré dans les années 1950, ce train garde un aspect vintage au charme fou, et sa simple vue fait naître un large sourire sur nos lèvres. Bien que nous soyons encore un peu endormis, l'excitation nous gagne alors que nous dépassons la locomotive : nous n'avons aucune idée de ce que ce voyage nous réserve, mais nous sommes impatients de le découvrir.

Monter à bord

Arrivés devant la voiture 39, nous sommes impressionnés par la hauteur du wagon sur lequel on distingue le dessin blanc d'un fauteuil roulant, serti dans un carré bleu roi. Nous n'avons pas le temps de nous questionner longtemps sur la manière dont nous allons monter à bord : le chef de train nous rejoint et fait signe à un agent de bord qui s'approche avec un grand sourire, poussant devant lui une imposante passerelle sur roues. Un claquement se fait entendre et la carrosserie du train s'ouvre soudain, laissant apparaître le visage d'un second agent au milieu d'une large porte, à 1, 30 mètre du sol. Le premier abaisse la rampe latérale de la passerelle, attendant que Pierre s'y engage, puis il la referme et commence à tourner énergiquement une manivelle qui actionne le mécanisme : la plate-forme s'élève lentement dans les airs et s'immobilise à la hauteur de la porte.

L'essence même du voyage

Entrer dans le Canadien, c'est plonger dans un autre monde. Alors que le convoi quitte lentement la ville, le décor de cuir et d'acajou se mue en un cocon, étouffant les bruits du dehors en murmures enveloppants. Aspirés tout entiers par cette atmosphère singulière, nous basculons dans un huis clos où le temps semble se distendre. Privés de réseau, préservés des sollicitations du monde extérieur, nous laissons notre regard se perdre dans la toile naturelle qui ne cesse de se réinventer, de l'autre côté de la vitre. Les paysages couverts de blanc qui s'étalent sous nos yeux invitent à la contemplation. On ne s'ennuie pas, on observe. Et on prend le temps d'une pause, opportunité aussi rare que précieuse dans le tumulte du monde actuel. Dans ce train se retrouve l'essence même du voyage : une rencontre avec des paysages, des inconnus... et avec soi-même.

Vivre au rythme des rails le temps de quelques jours est une expérience unique. Mais voyager en train sur de si longues distances, ce n'est pas simplement aller d'un point A à un point B. C'est aussi saisir l'opportunité de s'arrêter dans des endroits que l'on n'aurait pas découverts autrement.

Trois jours à Winnipeg

Jamais nous n'aurions pris l'avion pour nous rendre à Winnipeg. Beaucoup nous ont d'ailleurs déconseillé de nous y arrêter : il y fait un froid glacial en hiver (ce qui lui vaut le surnom de « The Winterpeg »), et il n'y a rien à voir… En tout cas, c'est ce qu'on nous en a dit. Après deux jours et une nuit à bord du train, nous arrivons dans cette ville dont nous ne connaissons pas grand-chose. Trois jours plus tard, nous la

quitterons avec un pincement au cœur, riches de rencontres et de nouvelles expériences. Parmi elles, une session de glisse mémorable sur la rivière Rouge (première fois que nous testions les équipements de para-hockey sur glace... et sur une rivière gelée !), la découverte du musée des Droits de la personne (unique au monde) et de ses galeries chargées d'histoire et d'enseignements, et la rencontre émouvante avec Fred, un artiste autochtone de la nation peguis avec qui nous partageons un moment fort, autour d'un atelier de taille de pierres.

Coucher de soleil magique lors d'une courte pause à Saskatoon, dans le Saskatchewan.

Nous quittons le Manitoba bercés par nos récents souvenirs et profitons d'un bref arrêt en gare pour saisir l'explosion de couleurs du coucher de soleil dans le Saskatchewan, avant de remonter à bord. Prochaine étape : l'Alberta !

LE CANADIEN EN FAUTEUIL ROULANT

Le train de nuit accessible permet de résoudre deux problèmes majeurs du voyage pour une personne en fauteuil : le transport et l'hébergement. Mode de voyage à part entière mêlant une expérience unique, le charme du vintage et tout le confort moderne, le Canadien offre une rare possibilité pour les personnes en fauteuil de traverser des paysages à couper le souffle sans avoir à se préoccuper de la logistique.

CE QUI EST ACCESSIBLE

- La cabine et sa salle d'eau privative
- Des portes et espaces larges dans la cabine et la salle d'eau
- Un siège de douche;
- Des barres d'appui bien positionnées près des WC et dans la douche
- Un espace dégagé sous le lavabo

La journée, les lits superposés sont pliés par les agents de bord et intégrés dans les parois de la cabine pour installer la version « salon » (banquette pour voyager assis).

Bon à savoir : la cabine accessible a la taille d'une cabine Prestige (les plus grandes du train), mais est proposée au tarif des cabines de nuit classiques. L'accompagnant voyage par ailleurs gratuitement, sous réserve d'avoir fait valider en amont auprès de VIA Rail Canada la pièce justificative indiquant le besoin de sa présence.

CE QUI N'EST PAS ACCESSIBLE

- Les parties communes et les cabines famille (pour quatre personnes, avec deux lits superposés, créées en supprimant la paroi entre deux cabines nuit classiques)
- Le bar, la salle à manger et les cabines panoramiques

Bon à savoir : les couloirs étant trop étroits, seules les personnes marchantes peuvent circuler à bord du train. Des rampes sont fixées sur un côté du couloir pour se tenir, mais le train en mouvement peut entraîner des risques pour l'équilibre des personnes dont la mobilité est réduite. Il y a par ailleurs des marches pour accéder au bar et aux cabines panoramiques. Si vous ne pouvez pas accéder aux espaces communs, les repas sont servis dans la cabine trois fois par jour par les agents de bord, qui installent une table pour l'occasion : l'aménagement est plus que confortable.

Au cœur de l'hiver

9 février 2025. Température : moins 32 degrés Celsius. Ressenti : moins 40. Le vent fait pleurer nos yeux et raidit nos doigts, fermement accrochés sur le traîneau qui file au ras du sol. Tiré par huit chiens d'une force impressionnante, notre équipage (Pierre, assis dans le traîneau, et Myriam, debout derrière à côté d'une musher) progresse sur le chemin enneigé qui trace une ligne immaculée au milieu des sapins. Perdus dans les montagnes au sud-est de Banff, nous inspirons à pleins poumons l'air glacial du matin en dévorant des yeux les fabuleux paysages qui nous entourent. Le bruit de la lisse du traîneau qui écrase la neige fraîche est envoûtant, le moment magique. Et ce cadre…

La sensation d'une aventure hors du temps

Cela fait deux jours que nous sommes arrivés dans les Rocheuses canadiennes. Vieilles de 80 millions d'années, ces montagnes majestueuses sont une merveille naturelle et un joyau de biodiversité. Elles abritent plusieurs parcs nationaux, dont celui de Jasper et celui de Banff. Notre train devait arriver à l'aube à Jasper, mais c'était compter sans les dix heures de retard accumulées pendant le trajet… Pour notre plus grand bonheur ! Sur le Canadien, le retard fait partie intégrante de l'aventure. Si on connaît l'heure du premier départ, on ne peut jamais complètement prévoir l'heure d'arrivée, qui dépend du nombre de trains de fret croisés sur la route, et que l'on s'arrête pour laisser passer. Ces temps de pause indéfinis bousculent nos habitudes de voyageurs et accentuent la sensation d'une aventure hors du temps : à défaut de savoir quand on atteindra notre destination, nous nous délectons de chaque instant vécu sur la route. Lorsque nous arrivons à Jasper, nous avons profité non seulement

de vues à couper le souffle sur les montagnes environnantes (que nous aurions dû traverser de nuit), mais aussi d'un délicieux brunch servi dans le confort de notre cabine par une équipe aux petits soins... L'une des définitions du bonheur ! Comme quoi on peut trouver beaucoup de plaisir dans une situation qui, dans la vie quotidienne, nous serait apparue comme une cause de frustration immense... Tout est une question de perspectives, et de conditions.

Une accessibilité maximale

Dès notre arrivée à Jasper, nous sommes stupéfaits du niveau d'accessibilité du parc national. Au bureau des gardes du parc, sans grande conviction, nous posons la question de savoir ce qui est accessible ici, en pleine nature, qui plus est en plein hiver. À notre immense surprise, il ne faut que quelques minutes à notre interlocuteur pour nous donner une liste de cinq itinéraires accessibles, carte, dénivelé, description du terrain et de l'enneigement à l'appui... On n'en revient pas. Dans la plupart de nos explorations, l'information sur l'accessibilité des chemins en pleine nature était limitée, voire inexistante. Trouver des renseignements aussi précis (en incluant les conditions saisonnières) relève pour nous du miracle et nous permet de gagner un temps précieux en ciblant directement les sentiers sur lesquels nous allons pouvoir profiter pleinement de cette nature grandiose.

La température se radoucit sur l'île de Vancouver. La pluie remplace la neige, plongeant les forêts dans une ambiance presque mystique.

Paysages immaculés

Le lendemain, nous mettons le cap sur Banff par la route des glaciers, l'une des plus belles du monde. Conduire sur cette route nous procure une sensation de bien-être intense. Quasiment seuls (nous ne croisons que quelques voitures en de rares occasions), nous voyons défiler des lacs gelés, des cascades emprisonnées par le froid, des parois couvertes de glace aux reflets bleus, des sapins aux branches lourdes de neige… Ces paysages immaculés dégagent une sérénité hors du commun et provoquent notre émerveillement à chaque virage. Kilomètre après kilomètre, notre surprise de la veille sur l'accessibilité se mue en admiration, et en reconnaissance pour la manière dont ces parcs sont gérés : non seulement les chemins accessibles sont clairement indiqués, mais on y trouve systématiquement des infrastructures qui permettent d'en profiter pleinement. Des places de parking dédiées, des rampes en bois en pente douce pour contourner les escaliers, des WC adaptés… le tout parfaitement déneigé, en plein hiver. Les chemins eux-mêmes sont damés. Tout nous semble simple, fluide. Au cœur d'une nature préservée, ces infrastructures qui s'intègrent parfaitement dans l'environnement nous offrent une liberté immense, et autant de bonheur.

COMMENT SURVIVRE PAR MOINS 30 DEGRÉS ?

Être dehors par moins 30 degrés Celsius est une expérience unique. Si elle mérite réellement d'être vécue, elle nécessite un équipement approprié. Pour rester au chaud, l'idéal est de s'équiper avec le système des trois couches :

PREMIÈRE COUCHE

Sous-vêtements techniques en laine mérinos (tee-shirt à manches longues et leggings). Respirants et isolants, ils évacuent l'humidité et évitent la sensation de froid liée à la transpiration.

DEUXIÈME COUCHE

Une polaire chaude ou une doudoune fine, et un pantalon en duvet ou en polaire. En cas de froid extrême, on peut doubler cette couche isolante en haut : cette combinaison permet de conserver la chaleur corporelle de manière efficace.

TROISIÈME COUCHE

Un manteau et un pantalon à la fois imperméables et coupe-vent. Indispensables pour rester au sec malgré la neige et l'air glacial !

Pour compléter cette protection, on n'oublie pas les accessoires :

- un cache-cou fin pour éviter les courants d'air et une écharpe pour la chaleur ;
- un bonnet en laine ou en polaire ;
- des chaussettes en laine mérinos ;
- des chaussures ou bottes fourrées ;
- des sous-gants en laine mérinos et des moufles adhérentes, pour conserver la chaleur tout en gardant sa capacité à rouler ;
- des chaufferettes placées sur les mains et les pieds pour maintenir une température corporelle stable (toujours par-dessus les sous-gants et/ou chaussettes pour éviter les brûlures, notamment sur les zones où on ne sent pas. Attention aux appuis prolongés dans les chaussures si celles-ci sont serrées !) ;
- des lunettes de soleil, pour protéger les yeux de la réverbération sur la neige ;
- une bonne protection solaire pour le visage (y compris les lèvres, souvent sujettes aux brûlures dans ces environnements).

S'HABILLER AVEC LE SYSTÈME TROIS COUCHES

Le redoux

Retrouver l'agitation de la ville après cette parenthèse blanche nous laisse une impression étrange. Des souvenirs plein la tête, nous jetons un dernier regard sur les wagons gris qui nous ont abrités au fil des kilomètres. Cela fait seulement dix jours que nous avons quitté Toronto, mais notre rencontre avec ce train désormais familier sur le quai de Union Station nous semble dater d'une autre vie. Après tant de paysages et d'émotions, nous sommes percutés de plein fouet par le retour à la civilisation, en sortant de la gare de Vancouver. Comme si le froid avait posé une cloche isolante sur notre aventure, qui vole soudain en éclats au contact de cette ville où toute trace de gel a disparu.

Sur la côte ouest du Canada, le Pacifique adoucit les températures de l'hiver, souvent pluvieux. La neige qui feutrait les bruits et apaisait les sens a disparu, laissant place à une agitation fourmillante entre les immeubles gris enveloppés de nuages bas. Il nous faut quelques heures pour nous familiariser à nouveau avec ce monde qui vit au-dessus de zéro degré mais, malgré la météo maussade, cette ville nous plaît. Entre montagnes et océan, Vancouver est un concentré de vie cosmopolite, résolument tourné vers une nature qui l'encercle de toutes parts : on s'y sent bien.

Une île facile

Nous ne nous y arrêterons que peu de temps, impatients de poursuivre notre chemin vers l'ouest : direction l'île de Vancouver ! À quelques kilomètres à peine des côtes de la Colombie-Britannique, cette île se pare en hiver d'une ambiance presque mystique. Les falaises battues par les vents contrastent avec le calme feutré des forêts humides aux arbres couverts de mousse. En repérage pour Nomade Aventure avec qui nous créons depuis plusieurs mois des itinéraires accessibles, nous arpentons les chemins

de l'île et sommes une nouvelle fois surpris par la facilité avec laquelle nous pouvons accéder à la nature. Des passerelles en bois sillonnent les forêts humides. Des fauteuils tout-terrain permettent l'accès aux plages dans le parc national Pacific Rim. Chaque chemin accessible est connu, indiqué sur les plans, fléché depuis la route...

Beaucoup de bonheur et une réelle gratitude

Après trois semaines passées à traverser le Canada d'est en ouest, on mesure l'accessibilité de ce pays à la sensation de repos que l'on ressent tous les deux, à notre retour en France. Alors, bien sûr, tout n'était pas parfait. Il nous a fallu nous adapter dans certains hôtels, faire quelques efforts sur des sentiers pentus, accepter que tous les services à bord du train ne soient pas parfaitement accessibles. Mais le fait de rentrer avec un tel niveau d'énergie de l'une de nos aventures est suffisamment rare pour être noté, et il est évident que la manière dont l'accessibilité est pensée dans ce pays n'y est pas étrangère. En milieu urbain comme en pleine nature, l'absence de stress et de frustration a joué un rôle immense dans notre capacité à profiter pleinement : nous avons vécu des moments uniques, des émotions intenses, des expériences inoubliables... Et le fait de le faire en fauteuil n'a pas été un frein. C'est peut-être ça, la vraie liberté, finalement : la capacité à vivre de belles émotions sans avoir à dépenser une énergie physique et mentale considérablement supérieure à la moyenne. En repensant à ce voyage, nous éprouvons beaucoup de bonheur et une réelle gratitude... Aujourd'hui plus que jamais, nous en sommes convaincus : s'il est difficile de penser que tout sera un jour parfaitement accessible à tous, de nombreuses solutions peuvent être trouvées pour faciliter l'accès à la découverte au plus grand nombre. Mais pour apporter des solutions, il est indispensable de connaître, comprendre et prendre en compte les contraintes de chacun : le combat pour l'accessibilité est long mais il en vaut la peine, nous continuerons à travailler pour que ce message soit entendu, compris... et appliqué.

RENDRE ACCESSIBLE, C'EST LIBÉRER

L'aventure s'arrête où les problèmes du quotidien commencent. Vous comme nous, on se réveille chaque matin avec un capital d'énergie à dépenser pour la journée. Deux capitaux, en fait : l'énergie physique et l'énergie mentale. Elles varient selon les jours, la qualité du sommeil, le contexte... Mais une chose est sûre : on a tous envie de dépenser ces énergies comme on le souhaite, dans des actions qui nous tiennent à cœur.

Sauf que, voilà, être en fauteuil dans un environnement inadapté, c'est voir ce capital entamé à mauvais escient, pour effectuer des gestes du quotidien qui devraient être simples pour tous... C'est déployer des efforts monumentaux pour se relever d'une chute dans une douche mal pensée, en gérant le stress causé par la situation. C'est passer des heures à trouver les seuls WC accessibles à des kilomètres, en croisant les doigts pour y accéder dans les temps. C'est éprouver une lassitude profonde devant l'ascenseur d'un bâtiment public en réparation depuis huit mois. C'est bouillonner de colère face au conducteur qui occupe la seule place PMR de la rue parce qu'« il en a pour deux minutes », quand trouver cette place vous a déjà mis en retard. C'est devoir passer plus d'une heure dans le bus parce que le métro qui prend vingt minutes pour le même trajet n'est pas accessible. C'est batailler à passer une marche trop haute quand le propriétaire du restau vous avait assuré qu'il était accessible...

C'est usant. Tout simplement. Pour le physique et pour le mental. Et une fois qu'on s'y confronte, on comprend que le peu d'énergie laissée par ces situations ne suffit pas toujours à vivre pleinement.

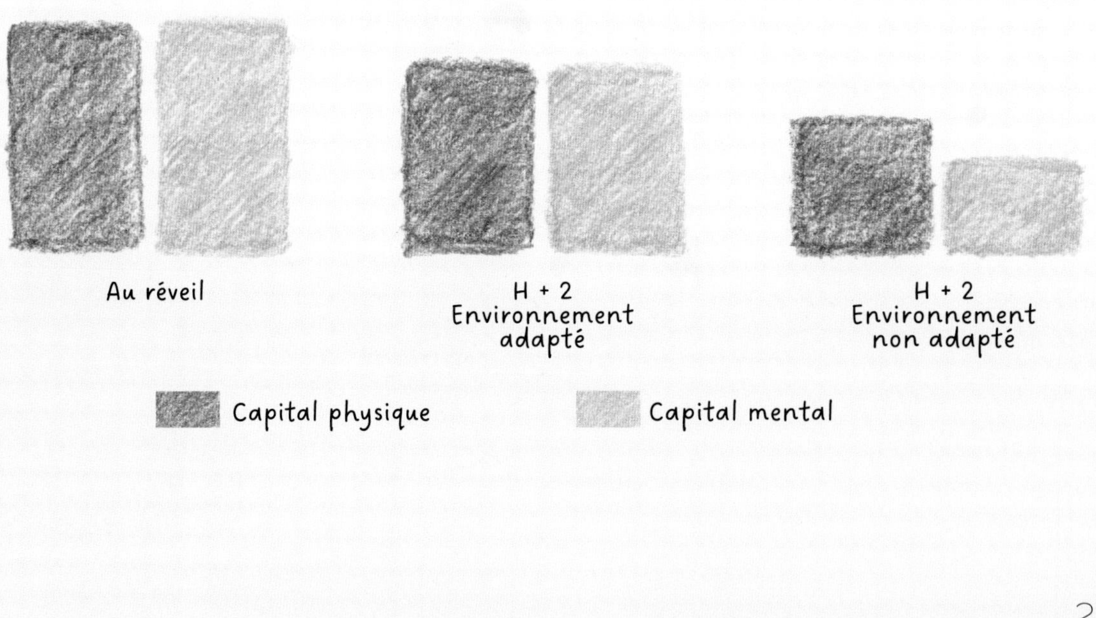

RGK

سوق الحمام والعصافير
BIRD MARKET

L'AVENTURE CONTINUE

Un tourbillon d'émotions. De couleurs. De souvenirs, ceux des paysages et des visages rencontrés sur la route. C'est à cela que ressemble notre nouvelle vie. Celle pour laquelle nous travaillons, chaque jour. Celle que nous avons la chance de vivre depuis 2018.

Rien ne nous avait préparés à voir notre vie basculer, ce soir de novembre 2015. Nous avons traversé des phases de douleur, d'épuisement, de doute. De peur, celle de tout perdre. Et puis nous avons voulu vivre, intensément. Ne pas laisser cet événement définir ni qui nous étions ni ce que nous pouvions faire.

Ce changement de perspective ne s'est pas fait en un jour : pas à pas, nous avons appris à apprivoiser ce nouveau quotidien, un nouveau champ de contraintes. Nous avons repris une vie «normale» et nous avons voulu en élargir l'horizon. Chaque expérience vécue, chaque victoire mais aussi chaque échec a contribué à étendre notre champ des possibles. En nous fixant chaque jour de nouveaux défis – certains simples, d'autres plus ambitieux –, en cherchant continuellement de nouvelles solutions aux obstacles qui se dressaient sur notre route, nous avons forgé nos corps et nos caractères pour nous permettre d'aller toujours un peu plus loin.

Nous ne cherchons pas les records, la célébrité, la reconnaissance. Nous cherchons à vivre libres. Libres des contraintes imposées par une mobilité réduite. Et libres des regards des autres sur le handicap, qui font peser sur nous, souvent, le poids des préjugés – qu'ils en aient conscience ou pas. Ce faisant, nous voulons partager nos apprentissages et nos convictions avec le plus grand nombre, pour que d'autres puissent, à leur tour, oser s'octroyer cette liberté de découvrir le monde.

La pluralité du handicap en fait un sujet particulièrement complexe. Et le manque de compréhension par la société des besoins des personnes concernées rend nos vies parfois difficiles. C'est le cas partout, tout particulièrement dans le secteur du tourisme : quand on voyage, on remplace son environnement quotidien par un cadre inconnu, qui peut être – selon son niveau d'adaptation – une découverte merveilleuse ou un véritable enfer. C'est pour cela que, en plus d'informer notre communauté des possibilités qui s'offrent à elle, nous nous attachons à travailler avec les acteurs du secteur pour améliorer l'accueil des personnes en situation de handicap. Dès nos premiers pas dans cette aventure, en 2018, nous avons accompagné les équipes du groupe Accor sur l'accessibilité de leurs hôtels. Depuis 2021, c'est avec les offices de tourisme de France, d'Europe et au-delà que nous échangeons pour recenser, améliorer et promouvoir l'offre de tourisme accessible. En 2023, l'équipe du Marathon des Sables nous a fait confiance pour ouvrir cette course mythique à un public en fauteuil. Et depuis 2024, nous travaillons avec Nomade Aventure pour former leurs équipes, créer, tester et vérifier des itinéraires accessibles. Travailler sur ces sujets demande de la part de ces acteurs des convictions, un engagement et une bonne dose de travail et d'humilité pour chercher à comprendre, accepter d'apprendre et mettre en place des solutions. Nous leur en sommes profondément reconnaissants.

À toutes celles et ceux, acteurs du tourisme, qui nous soutiennent et s'engagent à nos côtés pour rendre le voyage plus accessible : merci. Nos actions ne pèseraient pas grand-chose sans votre investissement, votre écoute et votre volonté. Par votre engagement, vous ouvrez de nouvelles possibilités à des personnes qui en sont trop souvent privées.

À vous qui nous lisez, nous suivez, nous encouragez : merci. Le fait de voir notre communauté s'agrandir est une si belle récompense... Mais elle n'est rien comparé au bonheur que nous éprouvons à recevoir vos récits et vos témoignages : ceux qui nous racontent vos aventures, les moments où vous avez osé, motivés par nos récits de voyages.

À toute l'équipe de Gründ : merci. D'avoir cru en notre histoire et de nous avoir accompagnés dans cette nouvelle aventure éditoriale, attentifs et à l'écoute, mais toujours discrets pour nous laisser libres dans la manière de raconter et d'illustrer nos aventures.

À Nico : merci. D'avoir accepté de nous suivre dans nos idées les plus folles et d'avoir su capturer avec tant de talent tous ces beaux moments aux quatre coins du monde.

À nos proches, enfin. Frères et sœurs, parents, amis : merci. D'accepter nos absences, de nous soutenir dans nos projets, aussi impossibles qu'ils paraissent, et de nous offrir tant d'amour et de bonheur à chaque moment de retrouvailles.

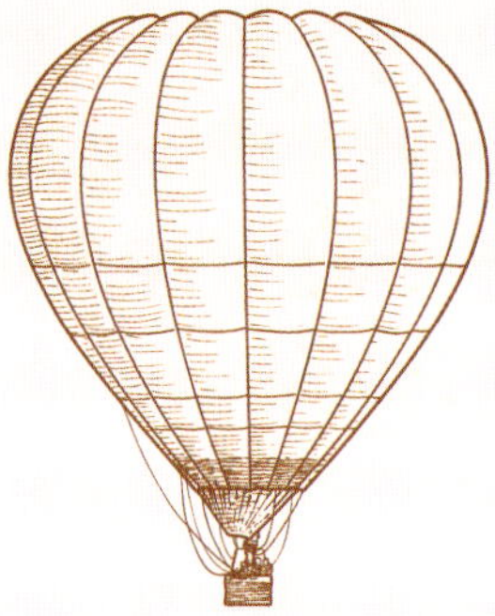

INDEX DES ENCADRÉS PRATIQUES

Malgré le manque d'accessibilité, on embarque pour l'un des plus beaux trajets en train du monde avec Nomade Aventure, au cœur des montagnes du Sri Lanka.

CRÉDITS PHOTOGRAPHIQUES

Myriam Cabon : pages 4, 6-7, 13, 14, 31, 45, 46-47, 51, 52 à 101, 105, 106 à 111, 117, 120, 124-125, 127, 133, 146 à 150, 153 à 165, 169 à 171, 178, 194, 201 et 206 à 239.
Nicolas Sebag : pages 7, 10-11, 15, 17, 18, 20, 23, 26 à 29, 32 à 36, 39 à 44, 48, 102-103, 111 à 113, 118 à 122, 128-129, 131, 134 à 145, 153, 166, 167, 173 à 175, 180, 185, 191 et 195.
Fabien Écochard : page 45
Ian Corless/Marathon des Sables : pages 182, 186-187, 190, 192-193 et 201.
Anthony Deroeux/Marathon des Sables : pages 185 et 188.
Cyril Cointre/Marathon des Sables : page 181.
Dan King/Marathon des Sables : pages 177 et 200.
Fouad Magdoul/Marathon des Sables : pages 200 et 203.
Antonio Miranda/Marathon des Sables : pages 179, 191, 199 et 204-205.

Photographie de couverture : Nicolas Sebag

Cartes et illustrations de Myriam et Pierre Cabon,
Carole Schilling et Romain Marty sauf les suivantes :
Pages 25, 62 et 230 : The Mount Bird Studio/Shutterstock.
Page 73 : Vorobiov Oleksii 8/Shutterstock.
Page 80 : Kashtal/Shutterstock. Page 80 : Aga7ta/Shutterstock.
Pages 98 et 115 : Evgeny Turaev/Shutterstock. Page 106 : Aniok/Shutterstock.
Page 114 : Travel Drawn/Shutterstock. Page 130 : Bioraven/Shutterstock.
Page 135 : Robson Theobald/Shutterstock. Page 138 : Bortel Pavel - Pavelmidi/Shutterstock.
Page 138 : Robson Theobald/Shutterstock. Page 141 : KiraDesign/Shutterstock.
Page 142 : Robson Theobald/Shutterstock. Page 148 : First vector trend/Shutterstock.
Page 151 : Arthur Balitskii/Shutterstock. Pages 152 et 196 : Danussa/Shutterstock.
Page 152 : First vector trend/Shutterstock. Pages 161-162 : Sentavio/Shuuterstock.
Page 172 : Val_Iva/Shutterstock. Page 178 : Asantosg/Shutterstock.
Page 189 : Only_vector/Shutterstock. Page 189 : Laifalight/Shutterstock.
Page 202 : Aksol/Shutterstock. Page 217 : Mamita/Shutterstock.